U0569694

深化现代职业教育体系建设改革研究

主编 周建松 陈正江

浙江工商大学 出版社
ZHEJIANG GONGSHANG UNIVERSITY PRESS
·杭州·

图书在版编目(CIP)数据

深化现代职业教育体系建设改革研究 / 周建松，陈
正江主编. — 杭州：浙江工商大学出版社，2023.12
ISBN 978-7-5178-5859-1

Ⅰ. ①深… Ⅱ. ①周… ②陈… Ⅲ. ①职业教育－教
育体系－教育改革－研究－中国 Ⅳ. ①G719.2

中国国家版本馆 CIP 数据核字(2023)第 239309 号

深化现代职业教育体系建设改革研究
SHENHUA XIANDAI ZHIYE JIAOYU TIXI JIANSHE GAIGE YANJIU
主编 周建松　陈正江

策划编辑	王黎明
责任编辑	王　琼
责任校对	胡辰怡
封面设计	蔡思婕
责任印制	包建辉
出版发行	浙江工商大学出版社
	（杭州市教工路 198 号　邮政编码 310012）
	（E-mail：zjgsupress@163.com）
	（网址：http://www.zjgsupress.com）
	电话 0571-88904980,88831806(传真)
排　　版	杭州朝曦图文设计有限公司
印　　刷	浙江全能工艺美术印刷有限公司
开　　本	710 mm×1000 mm　1/16
印　　张	11.75
字　　数	153 千
版 印 次	2023 年 12 月第 1 版　2023 年 12 月第 1 次印刷
书　　号	ISBN 978-7-5178-5859-1
定　　价	56.00 元

目 录

Contents

现代职业教育体系的形成与发展

第一章　职业教育类型与体系建设

周建松

习近平总书记在党的二十大报告中指出,教育、科技、人才是全面建设社会主义现代化国家的基础性、战略性支撑。我们要坚持教育优先发展、科技自立自强、人才引领驱动,加快建设教育强国、科技强国、人才强国,坚持为党育人、为国育才,全面提高人才自主培养质量。要办好人民满意的教育,统筹职业教育、高等教育、继续教育协同创新,推进职普融通、产教融合、科教融汇,优化职业教育类型定位……总体来说,党的二十大报告把科教兴国提到了前所未有的高度,对教育优先发展、办好人民满意的教育提出了更为明确的要求,其中优化职业教育类型定位是一个十分重要而紧迫的任务,是推动和实现职业教育高质量发展的重要前提。

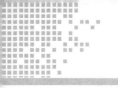

一、职业教育类型的提出和发展

改革开放以来,党和政府十分重视职业教育的发展,先后召开了多次全国性会议加以推动,国务院也发布了诸多文件加以部署。党的十八大以来,以习近平同志为核心的党中央高度重视职业教育发展,先后提出了大力发展、加快发展、高质量发展等一系列理念和要求。其中更具有标志性意义的是提出了职业教育是一种与普通教育同等重要、类型不同的教育的理念,为职业教育体系构建、实现高质量发展奠定了重要基础。

(一)类型说起源于《国家职业教育改革实施方案》

为了推动职业教育更好地发展,党中央、国务院于党的十九大以后进行了广泛的调研,在广泛调研的基础上,国务院印发了《国家职业教育改革实施方案》(国发〔2019〕4 号)。该方案开宗明义,首次提出职业教育与普通教育是两种不同教育类型,具有同等重要地位。这为新时代我国职业教育更好地发展奠定了很好的基础,也为新时代职业教育改革发展和现代职业教育体系建设指明了方向。

(二)习近平总书记重要指示强调要"优化职业教育类型定位"

2021 年 4 月 13 日新华社发布通告,中共中央总书记、国家主席、中央军委主席习近平近日对职业教育工作作出重要指示强调,在全面建设社会主义现代化国家新征程中,职业教育前途广阔,大有可为。要坚持党的领导,坚持正确办学方向,坚持立德树人,优化职业教育类型定位,深化产教融合、校企合作,深入推进育人方式、办学模式、管理体制、保障机制改革,稳步发展职业本科教育,建设一批高水平职业院校和专业,推进职普融通,增强职业教育适应性,加快构建现代职业教体系,培养更多高素质技术技能人才、能工巧匠、大国工匠。这既充分说明习近平总书记对职业教育地位的重视,也说明习总书记对优化职业教育类型定位的高度重视。从一个教育类型到优化类型定位,表明了党和政府对职业教育发展的新要求。

(三)中办、国办进一步提出"强化职业教育类型特色"

2021 年,中办、国办印发《关于推动现代职业教育高质量发展的意见》(中办发〔2021〕43 号),强调要"强化职业教育类型特色",并将要求具体明确为"巩固职业教育类型定位""推进不同层次职业教育纵向贯通""促进不同类型教育横向融通",对强化职业教育类型特色、推动职业教育高质量发展提出了进一步要求。

(四)《中华人民共和国职业教育法》从法律上确认职业教育是一种教育类型

《中华人民共和国职业教育法》(以下简称《职业教育法》)自 1996年 9 月 1 日实施以来,经过 26 年实践,取得了较好成效,但也暴露出了许多与现实不相适应的问题。因此,修订《职业教育法》的提议从 2008年被提出后,经过三届人大常委会努力和 14 年艰辛历程,2022 年 4 月22 日,新修订的《职业教育法》经第十三届全国人民代表大会常务委员会第三十四次会议讨论通过,并于 2022 年 5 月 1 日起施行。新《职业教育法》第三条明确规定,职业教育是与普通教育具有同等重要地位的教育类型,是国民教育体系的重要组成部分和人力资源开发的重要内容,是培养多样化人才、传承技术技能、促进就业创业的重要途径。应该说,这在法律上确认了职业教育是我国教育体系中的一个重要组成部分,且与普通教育具有同等重要地位,是国民教育体系的重要组成部分和人力资源开发的重要内容。

综上所述,从历史发展看,党的十九大以来,我国重视职业教育的

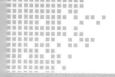

发展是从确立职业教育类型开始的,围绕类型、特色构建体系,推动其高质量发展是发展具有中国特色、世界水平的职业教育的重要任务。

二、职业教育作为一种教育类型的基本特征

因为职业教育是国民教育的重要组成部分,也是一种重要教育类型,所以我们必须正确把握其主要特征。我们应当从法律等角度进行研究和解析,围绕培养目标、培养内容、培养要求、培养目的、培养重点、培养机制等进行系统把握。

(一)培养目标:职业化技术技能人才

培养目标即培养什么样的人,这是职业教育作为一种教育类型的鲜明特征和根本要求。新《职业教育法》第二条明确,本法所称职业教育,是指为了培养高素质技术技能人才,使受教育者具备从事某种职业或者实现职业发展所需要的职业道德、科学文化与专业知识、技术技能等职业综合素质和行动能力而实施的教育,包括职业学校教育和职业培训。

虽然新《职业教育法》第二条的内容十分丰富,但首先阐明了职业教育的培养目标是培养高素质技术技能人才,进一步分析则是培养职业化的高素质技术技能人才。

(二)培养内容:知识和能力

实际上,新《职业教育法》还对从事职业教育所需的培养内容做了具体描述和法律规定,即从事某种职业或实现职业发展所需要的职业道德、科学文化和专业知识、技术技能等。这一规定进一步强调了职业教育作为国民教育的重要组成部分,其培养内容应该在突出职业化的同时,注重全面性和系统性,其中包括了职业道德、科学文化、专业知识

及技术技能的积累,也就是我们平时所说的道德、知识和能力,这与我们倡导的价值观塑造、知识传授和能力培养是一致的。

(三)培养要求:知行合一

新《职业教育法》第二条特别强调了职业教育的培养要求,即使受教育者具备职业综合素质和行动能力,这实际上是强调知行合一,也就是使受教育者不仅知道是什么,还理解为什么;与此同时,经过实践,知道怎么做。因此,实践性教学应该是职业教育的重要环节,校内外实训场所建设应该是职业教育办学中的一项重要内容。为了使职业教育的受教育者不仅具有综合素质,还具有行动能力,我们一直强调校内教学生产化、校外实习教学化,教师具有"双师"素质、学生具有双重证书,教授手上要有油、学生常在车间做,等等。

(四)培养目的:职业及其发展

进一步分析发现,新《职业教育法》第二条提到"使受教育者具备从事某种职业或者实现职业发展……",这至少表明了以下方面:一是职业教育的目的是面向职业,受教育者是为了从事某种职业或实现职业发展而接受教育的;二是职业教育本身是一个系统,有其内在的层次,如中职、专科、本科乃至更多层次,而且职业教育还包括学历教育和职业培训;三是为了实现职业教育培养目的,要求职业教育必须建立一个更加完整的体系,通过发展职业教育,真正实现使无业者有业、有业者乐业、乐业者兴业的目的和要求。

(五)培养重点:就业创业能力

新《职业教育法》从第一条开始就阐明了国家举办职业教育的动因,同时隐含了职业教育的培养重点。第一条规定,为了推动职业教育高质量发展,提高劳动者素质和技术技能水平,促进就业创业,建设教育强国、人力资源强国和技能型社会,推进社会主义现代化建设,根据宪法,制定本法。这实际上把促进就业创业摆在了比较突出的位置。与此同时,第三十九条进一步强调,职业学校应当建立健全就业创业促进机制,采取多种形式为学生提供职业规划、职业体验、求职指导等就业创业服务,增强学生就业创业能力。

(六)培养机制:产教融合、校企合作

关于职业教育的培养机制和模式特征,我们从 2014 年和 2021 年习近平总书记两次对职业教育的重要指示中就可以明确。2014 年,习近平总书记强调要坚持产教融合、校企合作,坚持工学结合、知行合一。2021 年,习近平总书记再次强调要坚持产教融合、校企合作。新修订的《职业教育法》第四十条规定,职业学校、职业培训机构实施职业教育应当注重产教融合,实行校企合作。这就进一步明确了产教融合、校企合作是职业教育培养机制的基本特征。

(七)服务面向:区域经济和产业发展

职业教育作为一种教育类型,应该有比较明确的服务面向,对此新《职业教育法》也做了明确界定。新《职业教育法》第七条规定,各级人民政府应当将发展职业教育纳入国民经济和社会发展规划,与促进就业创业和推动发展方式转变、产业结构调整、技术优化升级等整体部署、统筹实施。这实际上强调了职业教育的服务面向是区域经济社会和产业发展,对此,我们从与应用型本科转型等相关的一系列文件中也可得到启示。而新《职业教育法》第十一条则是这一问题的进一步具体化:实施职业教育应当根据经济社会发展需要,结合职业分类、职业标准、职业发展需求,制定教育标准或者培训方案,实行学历证书及其他学业证书、培训证书、职业资格证书和职业技能等级证书制度。

(八)学校治理:坚持和加强党的全面领导

新《职业教育法》在第四章"职业学校和职业培训机构"中,就职业学校和职业培训机构的设立及内部治理作出了明确规定。与旧法相比,除了设立的条件和要求更为系统、全面之外,对内部治理则更加明确了坚持和加强党的领导。其中第三十五条规定,公办职业学校实行中国共产党职业学校基层组织领导的校长负责制,中国共产党职业学校基层组织按照中国共产党章程和有关规定,全面领导学校工作,支持校长独立负责地行使职权。而且对民办学校也提出了要求:民办职业学校依法健全决策机制,强化学校的中国共产党基层组织政治功能,保证其在学校重大事项决策、监督、执行各环节有效发挥作用。这实际上就是要求职业学校在内部治理上必须坚持和加强党的全面领导。

三、立足于体系建设的职业教育类型定位

学习贯彻党的二十大精神,扎实推动职业教育高质量发展,是当前和今后一个时期的重要任务。对于职业教育而言,我们必须认真按照优化职业教育类型定位的要求,正确把握其要义,并积极加以推进。

(一)宏观战略:优化现代教育体系,适度扩大职业教育比例

党的十八大以后,中国特色社会主义进入新时代;党的十九大明确了高质量发展的新要求;十九届四中全会明确提出建设高质量教育体系;党的二十大再次强调,建设高质量教育体系。我们认为,建设高质量教育体系,首先必须优化教育结构;而优化教育结构,必须从我国经济社会的发展要求及趋势出发。我国是一个人口众多、经济社会发展不平衡的发展中国家,这要求我国的教育结构设计应该更多地面向大众、面向各个不同阶层,注意充分就业,提升学生的就业创业能力。

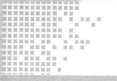

从这个意义上讲,尽管我国的高等教育已经从精英化走向大众化,并开始进入普及化,但就业问题仍然是重中之重,满足经济社会发展需要仍然是教育工作主题。也正因为这样,我们必须主动调整和优化现有教育结构,突出向职业教育倾斜。因此,新《职业教育法》第十四条第二款明确规定:"国家优化教育结构,科学配置教育资源,在义务教育后的不同阶段因地制宜、统筹推进职业教育与普通教育协调发展。"虽然不提对职普分流的要求,而是提协调发展,但我们认为,协调发展必须正视经济社会发展需要,大力发展职业教育。

(二)中观方略:在建立双轨双通体系上再努力

新《职业教育法》第二章用较大篇幅对我国职业教育体系建设做了法律规定。第十四条第一款规定,国家建立健全适应经济社会发展需要,产教深度融合,职业学校教育和职业培训并重,职业教育与普通教育相互融通,不同层次职业教育有效贯通,服务全民终身学习的现代职业教育体系。与此同时,新《职业教育法》还在其他条款对职业教育体系建设尤其是各层次职业学校做了规定、提出了要求。笔者以为,我们应当建立不同层次职业教育纵向贯通、不同类型教育横向融通的机制,且不同类型教育即职业教育与普通教育相同层次要实现等值,职业教育纵向间要实现贯通,构建起包括中等职业教育、专科层次高等职业教育、本科层次职业教育乃至更高层次职业教育的一个更加完整的体系。

(三)微观策略:要加大职业本科教育发展的力度

当前,我们对于职业本科教育的发展已经基本达成共识,习近平总书记在 2021 年对职业教育所作的重要指示中曾经强调稳步发展职业本科教育,为职业本科教育发展指明了方向。新《职业教育法》不仅明确了本科层次职业教育,而且准许专科层次高职学校举办本科层次职业教育。因此,我们可以这样认为,发展本科层次职业教育不仅有利于现代职业教育体系的完善,有利于更好地满足人民群众对接受更高层次职业教育的迫切愿望,也有利于职业教育更好地适应和满足经济社会发展需要,必要性十分明显,法律上也作了明确规定,关键是要解放思想、狠抓落实。而从现实情况看,高职教育经过国家示范(骨干)建设,经过创新发展行动计划推动,特别是经过"双高计划"三年实践,一大批高职院校尤其是其中高水平专业群的龙头专业已基本具备开展本科层次职业教育的能力,我们应抓住时机加以推进,以专科高职院校自我提升的方式,圆满完成中央提出的到 2025 年职业本科教育招生规模不低于高等职业教育招生规模的 10% 的任务,并力争在"十四五"期间有更大增长,从而为职业教育类型特色的形成和优化奠定基础。

(四)操作战术:加强职业教育基本建设

职业教育是一种教育类型,必须重视和加强适合职业教育类型、特点的基本建设,包括我们曾经反复强调的制度标准建设。从当前来看,一是全面制订(修订)职业教育各层次专业目录,尤其是加快本科层次职业教育专业目录的制度与建设;二是系统制订职业教育各层次各专业标准,并积极推进国家、省、校三级专业标准体系建设;三是探索研究制订职业教育质量评价考核办法,形成职业教育自身评价考核办法和体系;四是努力推进专业教学课程、教学资源和教材建设,加快形成职业教育专业建设内涵;五是持续推进具有职业教育人才培养和教学运行特点的岗课赛证综合育人改革,切实提高职业教育人才培养质量,增强职业教育适应性,提升职业教育的社会认可度和吸引力。

四、关于职业教育类型相关关系的协调

在我国,大力发展职业教育也是一贯的政策,推动并实现职业教

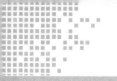

育高质量发展是党中央、国务院的重大决策,而实现这一目标的重大前提是优化职业教育类型定位。我们在研究职业教育类型定位时,必须注重以下几个相关问题的研究。

(一)正确处理职业教育与高等教育、继续教育的协同问题

党的二十大报告明确指出,统筹职业教育、高等教育、继续教育协同创新,推进职普融通、产教融合、科教融汇。这既是国家教育发展大战略,是国家优化教育结构必须认真思考的问题,也是引导基础教育的改革和发展的重要举措。为此,我们必须防止职业教育的错误倾向,把职业教育放到经济社会发展大系统中去,这样职业教育才有生命力。与此同时,必须关注职业教育与高等教育、继续教育的协同,实现体系背景下的高质量发展,才有利于推进职普融通,实现协调发展。也就是说,我们不仅要注重职业教育的量,也要重视职业教育的质。

实际上,中华人民共和国成立后,在教育政策上一直重视协调职业教育、高等教育、普通教育之间的关系,"三教"之间的关系不断升级,内涵也不断丰富,逐步呈现出既相对独立又沟通衔接的局面。下一步的重要任务是在协调发展上下功夫,而协调发展的重点可能是中高职一体化办学和专升本办学模式。必须加强经济社会发展需求情况调研,加强就业市场需求调研,谋求最佳衔接点,努力实现各类教育高质量发展。

(二)正确处理职业教育纵向与普通教育横向的关系

我们在发展职业教育的过程中,采取了学习借鉴的方式,先后或同时学习借鉴了澳大利亚 TEFL 模式、德国双元制模式、加拿大能力本位模式、美国社区学院模式、英国现代学徒制模式、新加坡教学工厂模式及日本官产学研相结合模式,但我国有着世界上最大的职业教育规模,迄今却还没有形成具有中国特色的职业教育模式。不同类型教

育横向互通,不同层次职业教育纵向贯通,职业教育与产业和科技融通,是我们应该努力的方向。对此,我们要积极探索,推进专业与专业群建设、专业课程体系建设、"双师型"和"双师"结构团队建设,重视文化基础教育和素质教育,在更深层次上进行协调和互通,努力把立德树人落到实处。

(三)正确处理职业教育与产业和科技的关系

职业教育与产业和科技的关系十分重要。关于产教融合,习近平总书记多次作过重要指示,国务院和国家发改委也发过一系列文件。在新的历史条件下,国家围绕推进产教融合作了一系列奖励性规定,包括推进产教融合型城市建设、产教融合型企业建设,并从法律角度对推进产教融合型企业作了包括"土地＋信用＋财政＋金融"的优惠规定。这表明国家对推进产教融合的态度是坚定不移的。

党的二十大报告在强调推进产教融合的同时,又提出要推进科教融汇,这对职业教育发展来说是一个新课题。科教融汇是一个综合性命题,从宏观视角看,它是国家科教兴国战略的应有之义;从中观角度看,它是实现职业教育高质量发展的重要途径;从微观领域看,它是学校提升办学内涵的重要策略。我们必须从整体上加以推进,真正形成职普融通、产教融合、科教融汇"大合唱",为优化职业教育类型定位、推进职业教育高质量发展形成真正合力。

第二章　现代职业教育体系建设的回顾与思考

周建松

2021 年 4 月,习近平总书记对职业教育工作作出重要指示,这既为职业教育发展指明了方向,也提出了更高的要求,其中最为重要的是要加快构建类型特色鲜明的现代职业教育体系。当前,落实习近平总书记重要指示和全国职业教育工作会议精神,加快构建现代职业教育体系成为推进职业教育高质量发展的重大课题和重要工作。本章在回顾我国现代职业教育体系发展的基础上,提出加快构建现代职业教育体系的若干想法与建议。

一、我国现代职业教育体系的探索历程

十一届三中全会后,党和国家的中心工作转移到经济建设上,其后,党中央又提出科教兴国战略,优先发展教育事业。伴随着经济体制改革的深化,教育改革也在不断深化,与时俱进构建职业教育体系成为推进职业教育发展的重要举措。

(一)1985 年提出职业技术教育体系

1985 年,中共中央召开了全国教育工作会议,并印发了《中共中央关于教育体制改革的决定》(以下简称《教育改革决定》)。作为以中共中央名义印发的关于教育的综合性改革政策文件,其目的是为社会主义现代化建设多出人才、出好人才,把发展基础教育的责任交给地方,有步骤地实行九年制义务教育,调整中等职业教育结构,大力发展职业技术教育,改革高等学校的招生计划和毕业生分配制度,扩大高等

学校的办学自主权,加强领导,调动各方面积极因素,保证教育体制改革的顺利进行,等等。

《教育改革决定》强调,社会主义现代化建设不仅需要高级科学技术专家,而且迫切需要千百万受过良好职业技术教育的初、中级技术人员、管理人员、技工和其他受过良好职业培训的城乡劳动者。

《教育改革决定》明确提出,发挥中等专业学校的骨干作用,同时积极发展高等职业技术院校,"逐步建立起一个从初级到高级、行业配套、结构合理,又能与普通教育相互沟通的职业技术教育体系"。应该说,这是中央决定中第一次提出建立职业技术教育体系,强调了职业技术教育体系纵向从初级到高级、横向与行业配套,同时职业教育还要与普通教育沟通。今天看来,《教育改革决定》影响深远,对建立职业技术教育体系的阐述也具有较强的前瞻性与科学性。1986 年 7 月,为贯彻落实《教育改革决定》,经国务院批准,由国家教委、国家计委、国家经委、劳动人事部联合召开了第一次全国职业技术教育工作会议,会议提出"建立与完善职业教育管理体制"。

(二)1991 年提出职业技术体系的基本框架

1991 年 1 月 25 日,国家教委、国家计委、劳动部、人事部、财政部共同召开了第二次全国职业技术教育工作会议,会议旨在落实职业教育"大家办"的方针。在第二次全国职业技术教育工作会议的推动下,国务院颁发了《关于大力发展职业技术教育的决定》(1991 年 10 月 17 日)。作为中华人民共和国成立以来中央人民政府关于如何发展职业教育的第一个指导性文件,它具有历史性意义。该决定从顶层设计角度提出:初步建立起有中国特色的、从初级到高级、行业配套、结构合理、形式多样,又能与其他教育相互沟通、协调发展的职业技术教育体系的基本框架。该决定体现了党和国家高度重视职业技术教育发展,并在战略上加以明确,强调要贯彻大力发展职业技术教育的方针,采

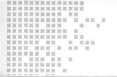

取有力政策支持职业技术教育发展,加强职业技术教育的改革和基本建设,进一步加强对职业技术教育的领导和管理。

(三)1996年《职业教育法》中的职业教育体系

在《职业教育法》调研起草过程中,关于使用"职业技术教育"还是"职业教育"概念的问题引起了讨论和争鸣,最后"职业教育"占了上风,因此,这种教育体系也被称作"职业教育体系"。

1996年9月1日起施行的《职业教育法》第二章为"职业教育体系",其中第十二条规定:"国家根据不同地区的经济发展水平和教育普及程度,实施以初中后为重点的不同阶段的教育分流,建立、健全职业学校教育与职业培训并举,并与其他教育相互沟通、协调发展的职业教育体系。"

(四)21世纪现代职业教育体系的再探索

进入21世纪,国家对发展职业教育高度重视,持续加大制度创新、政策供给和投入力度,在此过程中逐步形成了现代职业教育的理念与体系。

1. 2002年提出现代职业教育体系

2002年7月,全国职业教育工作会议首次以国务院名义召开。时任国务院总理朱镕基参加会议,会议印发了《国务院关于大力推进职业教育改革与发展的决定》(国发〔2002〕16号)。该决定提出,力争在"十五"期间初步建立起适应社会主义市场经济体制,与市场需求和劳动就业紧密结合,结构合理、灵活开放、特色鲜明、自主发展的现代职业教育体系。这是国务院文件中第一次使用现代职业教育体系的"现代"字样,同时强调了灵活开放、特色鲜明、自主发展,具有无穷的探索之意。

2. 2005 年提出中国特色现代职业教育体系

2005 年 11 月,时隔三年,国务院再一次召开全国职业教育工作会议。时任国务院总理温家宝做了大力发展中国特色职业教育的报告,会议还印发了《国务院关于大力发展职业教育的决定》(国发〔2005〕35号),提出中国特色现代职业教育体系。该决定进一步明确了职业教育改革发展的目标,提出"进一步建立和完善适应社会主义市场经济体制,满足人民群众终身学习需要,与市场需求和劳动就业紧密结合,校企合作、工学结合,结构合理、形式多样,灵活开放、自主发展,有中国特色的现代职业教育体系"。较之以前的政策,该决定特别强调了中国特色,充分表明了中国职业教育改革发展的目标;同时强调了满足人民群众终身学习需要,充分体现了发展职业教育的目的和根本。

3. 2010 年提出中高职协调的现代职业教育体系

2010 年 7 月,党中央、国务院召开了全国教育工作会议。时任中共中央总书记胡锦涛、国务院总理温家宝发表了重要讲话,会议还印发了《国家中长期教育改革和发展规划纲要(2010—2020 年)》,提出建设中高职协调的现代职业教育体系,将现代职业教育体系建设纳入了重要日程,并提出了明确要求,"到 2020 年,形成适应经济发展方式转变和产业结构调整要求、体现终身教育理念、中等和高等职业教育协调发展的现代职业教育体系,满足人民群众接受职业教育的需求,满足经济社会对高素质劳动者和技能型人才的需要"。

(五)中国特色、世界水平现代职业教育体系的提出

2014 年,习近平总书记对职业教育作出重要指示强调,弘扬劳动光荣、技能宝贵、创造伟大的时代风尚,营造人人皆可成才、人人尽展其才的良好环境,努力培养数以亿计的高素质劳动者和技术技能人才。要牢牢把握服务发展、促进就业的办学方向,深化体制机制改革,创新

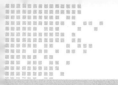

各层次各类型职业教育模式,坚持产教融合、校企合作,坚持工学结合、知行合一,引导社会各界特别是行业企业积极支持职业教育,努力建设中国特色职业教育体系。国务院印发《关于加快发展现代职业教育的决定》(国发〔2014〕19 号),对现代职业教育体系建设有了更具体的描述,提出"到 2020 年,形成适应发展需求、产教深度融合、中职高职衔接、职业教育与普通教育相互沟通,体现终身教育理念,具有中国特色、世界水平的现代职业教育体系"。提出职业教育在中国特色基础上达到世界水平是这份文件的鲜明特征,充分表明了我们正在探索一条在中国特色基础上谋求世界水平的现代职业教育发展之路。同时,教育部等六部门印发了《现代职业教育体系建设规划(2014—2020 年)》,比较全面、系统地对职业教育做了规划,具有划时代的重要意义。该规划指出,随着新型工业化的推进和科学技术的发展,现代职业教育体系越来越成为国家竞争力的重要支撑;同时,根据《关于加快发展现代职业教育的决定》精神,提出了具体思路,画出了框架图。具体思路如下。

到 2015 年,初步形成现代职业教育体系框架。现代职业教育的理念得到广泛宣传,技术技能人才培养层次更加完善,专业结构基本优化,中高等职业教育全面衔接,产教融合、校企合作的体制基本建立,现代职业院校制度基本形成,职业教育体系建设的重大政策基本完备,职业教育服务国家战略的能力显著提升,技术技能人才的社会地位显著提高,职业教育吸引力显著增强。到 2020 年,基本建成中国特色、世界水准的现代职业教育体系。

现代职业教育理念深入人心,行业企业和职业院校共同推进的技术技能积累创新机制基本形成,职业教育体系的层次、结构更加科学,院校布局和专业设置适应经济社会需求,现代职业教育的基本制度、运行机制、重大政策更加完善,社会力量广泛参与,建成一批高水平职业院校,各类职业人才培养水平大幅提升。

应该说,从 1985 年提出构建职业技术教育体系,到提出 2020 年建成具有中国特色、世界水平的现代职业教育体系,内容不断深化、表述更为精准,中国特色、世界水平导向更为明确。

二、党的十九大以来关于现代职业教育体系建设的新谋划

党的十九大以来,党中央作出要在职业教育领域"下一盘大棋""打一场翻身仗"的战略部署①,在构建现代职业教育体系进程中迈出了更大、更坚实的步伐。

(一)将职业培训纳入现代职业教育体系

党的十九大提出要优先发展教育事业,明确了总体要求,强调"加快教育现代化,办好人民满意的教育""落实立德树人根本任务,发展素质教育,推进教育公平"。完善职业教育与培训体系具体包含两方面内容:一方面,培训是职业院校的法定职责,现代职业教育体系必须包括培训,必须构建一个职业教育与职业培训相互协调的体系,这为探索建立现代职业教育体系明确了新的方向;另一方面,要把现代职业教育与就业创业结合起来,构建完整的职业教育、职业培训和就业创业工作体系,进一步明确职业教育与培训体系建设、促进就业之间的关系。

(二)明确职业教育类型为体系建设奠定坚实基础

2019年1月,国务院印发《国家职业教育改革实施方案》(以下简称《实施方案》)。《实施方案》在我国职业教育发展史上具有里程碑的意义,是在过去几十年的实践探索、过去一个阶段国务院发布的一系

---

① 陈子季.以大改革促进大发展推动职业教育全面振兴[J].中国职业技术教育,2020(1):5-11.

列推动职业教育改革发展文件的基础上,贯彻习近平新时代中国特色社会主义思想,对职业教育改革创新作出的重大部署。《实施方案》明确职业教育是一种教育类型;提出完善国家职业教育制度体系,健全国家职业教育制度框架,完善教育教学相关标准,启动1＋X证书制度试点工作,开展高质量职业培训,实现学习成果的认定、积累和转换等方面的具体要求,促进产教融合校企"双元"育人,为现代职业教育体系建设奠定了坚实基础。

(三)现代职业教育体系定位进一步明晰

2020年9月,教育部等九部门印发《职业教育提质培优行动计划(2020—2023年)》(以下简称《行动计划》),提出了办好公平有质量、类型特色突出的职业教育,加快推进职业教育现代化的十大重点建设任务。作为落实《实施方案》的重要抓手,《行动计划》的主要任务是把党中央、国务院关于职业教育改革发展的决策部署落到实处,其中关于推进各类职业教育协调发展的具体举措表明了我国推进现代职业教育体系建设的政策导向,要求中职发挥好基础作用、专科高职发挥好主体作用,同时把稳步发展高层次职业教育摆到了重要位置,这不仅对构建现代职业教育体系提出了战略构想,而且对中职、专科、本科乃至更高层次职业教育在现代职业教育体系中的作用进行了系统性设计,为推动现代职业教育体系建设指明了方向。

(四)现代职业教育体系内容更加丰富

2021年7月,中办、国办印发《关于推动现代职业教育高质量发展的意见》,提出加快构建现代职业教育体系,明确到2025年,现代职业教育体系基本建成,特别强调职业本科教育招生规模不低于高等职业教育招生规模的10％。

(五)现代职业教育体系的定位更加明确

2022年4月20日,十三届全国人大常委会审议通过了新修订的《中华人民共和国职业教育法》。新《职业教育法》第十四条对构建什么样的职业教育体系作了规定:国家建立健全适应经济社会发展需要,产教深度融合,职业学校教育和职业培训并重,职业教育与普通教育相互融通,不同层次职业教育有效贯通,服务全民终身学习的现代职业教育体系。国家优化教育结构,科学配置教育资源,在义务教育后的不同阶段因地制宜、统筹推进职业教育与普通教育协调发展。

三、对加快构建现代职业教育体系的思考

加快构建类型特色鲜明的现代职业教育体系,我们必须从历史发展的脉络出发,紧密结合当前经济社会发展的特点,瞄准时代发展趋势进行系统思考。

(一)坚持类型定位,强化类型特色

要认真贯彻落实习近平总书记2014年和2021年关于职业教育的重要指示精神,深入研究优化职业教育类型定位[①],基本思路如下。

1. 要把办学方向切实落到服务区域经济和行业发展上来

职业教育要瞄准国家战略,对接区域产业发展,努力做到专业对接产业、课程对接岗位、教学过程对接生产经营过程,不断调整和优化专业结构、课程体系,真正做到"不求最大,但求最优,但求适应社会需

---

① 周建松,陈正江.贯彻落实《实施方案》着力推进高职教育类型特色建设[J].职教论坛,2019(7):73-78.

要"①,使职业教育做到地方离不开、行业都需要。

2. 要把办学目标切实落到培养技术技能人才上来

各级各类学校有不同的人才培养目标,作为一种教育类型,职业教育要坚持以服务为宗旨、就业为导向,培养适应生产建设服务管理第一线的技术技能人才。也就是说,技术技能人才是职业教育类型的总定位,中职、专科、本科或者更高层次职业教育应该有不尽相同的具体定位,如职业本科教育要培养高层次技术技能人才。

3. 要把办学模式切实落到产教融合、校企合作上来

实践证明,产教融合、校企合作是培养应用型职业化技术技能人才的可行路径。坚持工学结合、知行合一,必须充分利用国家重视产教融合,出台一系列产教融合政策鼓励、支持和建设一批产教融合型城市和企业这一契机,不断深化产教融合、校企合作,真正将其作为培养技术技能人才的重要抓手,尤其要加强实践性教学,加强校内外实训实习基地建设。

4. 要将培养重点落到培养学生具有创新创业能力上来

作为以培养技术技能人才为基本培养目标的教育,要通过产教融合、校企合作体制机制建设,着力加强专兼结合"双师型"教学团队和专任教师"双师"素质建设,深化教育教学改革,改革课程教材体系,着力培养学生就业能力和基于专业的创新创业能力,真正实现职业教育作为跨界教育的目标要求,让学生会做能创,就业有能力,创业有本领。

(二)立足适应需求,突出满足需要

我国职业教育体系构建是一个逐步认识和发展的过程,从全面系统的角度看,我们应该在"适应"和"满足"上下功夫。

---

① 黄星. 不求最大,但求最优,但求适应社会需要[N]. 中国教育报,2021-04-14(3).

1. 着力"两个适应"，即适应经济社会发展需要和适应产业结构调整需要

职业教育是各类教育中与经济社会发展和产业结构调整、产品技术升级关系最为紧密的教育，具有跨界特征。我们研究和构建职业教育体系，首先要研究我国经济社会发展的需求，研究产业结构调整变化对职业教育的需求。由于国家在不同发展阶段对经济社会发展的要求不尽相同，在开启社会主义现代化国家建设的新征程中，我们大力发展实体经济，重点发展现代制造业（尤其是智能制造）、现代服务业，推动乡村振兴，所以要把专业结构及其专业建设内容很好地调整到现代农业、现代制造业、现代服务业和信息技术产业中，从而使我们的人才培养工作能够满足国家对教育的要求，对促进人才结构、教育结构的优化，尤其是对推动产业结构乃至经济结构升级发挥积极作用。

2. 着重"两个满足"，即满足人民群众对接受职业教育（包括终身学习）的需要和满足经济社会发展对技术技能人才的需要

虽然这些年我国职业教育发展速度很快，人才培养质量和办学水平也在不断提高，但总体而言，职业教育的社会吸引力还不是很强。随着经济的发展，广大人民群众对职业教育不断提出新的需求，有需要通过"中职—高职—职业本科"途径参与学历型职业教育的，也有需要通过职业培训来提升岗位就业能力或转岗优岗的。对此，我们必须认真研究和落实，特别是当前职业本科教育颇受人民群众关注和期待，我们应积极开展理论研究与实践探索。同时，我们也必须看到，经济社会发展对高素质技术技能人才尤其是高层次技术技能人才提出了新的要求，对复合型创新型技术技能人才、紧缺型技术技能人才也有具体的要求，我们应该在学历层次划分、专业结构优化、课程教学更新、技术与内容结构改善等方面深入研究和实践，使我国的职业教育体系能够真正适应社会经济发展需求。

(三)努力做到纵向贯通、横向融通

如果说确立现代职业教育体系建设类型定位是前提,适应满足是要求,那么纵横关系则是其基本格局。只有构建层次、类型、价值等方面都被社会接受的格局,职业教育才会充满生机和活力,为此,要努力做到纵向贯通和横向融通。

1. 构建纵向贯通的教育体系

现代职业教育体系的建设是一项系统工程,首先应该有一个从低到高的学校教育体系。我国的职业教育是从中等教育改革开始的,逐步有了中等职业教育;随着 20 世纪 80 年代职业大学的自主发展,逐步有了专科层次的高等职业教育;20 世纪末高等教育大众化政策的推进,使我国专科层次高等职业教育有了大的发展,于是形成了我国中等教育阶段职普大致相当、高等教育阶段高职教育占"半壁江山"的格局。在此背景下,我们开始加大了对本科层次职业教育的探索和研究。总体而言,随着社会经济发展和技术进步,本科层次技术技能人才必然受到欢迎,但本科层次职业教育由谁来办始终存在争议。《实施方案》明确了开展本科层次职业教育试点的要求,习近平总书记作出了稳步发展职业本科教育的重要指示,本科层次职业教育已从试点走上稳步发展之路,从中职到专科高职再到职教本科,进而到专业硕士、博士的职业教育体系将不断完善。

2. 建设横向融通的教育体系

现代职业教育要受到社会的重视、增强社会吸引力,纵向体系的完善不可或缺。与此同时,我们还需要研究职业教育与普通教育的等值和融通问题,必须牢牢把握《实施方案》提出的"同等重要"要求,使同一层次的各类教育之间可以相互融通,实现地位同等,同时要建立科学的评价办法,以彰显职业教育特有的社会价值。

（四）以高适应性彰显职业教育高质量

十三届全国人大四次会议通过的《中华人民共和国国民经济和社会发展第十四个五年规划和 2035 年远景目标纲要》明确提出要增强职业技术教育适应性,这既为职业教育发展指明了方向,也为我们构建现代职业教育体系明确了目标。我们认为,党和国家之所以要大力发展职业教育,加快构建现代职业教育体系,就是要在进一步扩大教育规模、满足人民群众接受高等教育需求的同时,优化我国的高等教育结构,从而达到适应与需求相一致的质量要求。

1. 这是从我国人才结构特点出发所做出的决策

我国的高等教育毕业生数量已不算少,但大学生找不到好工作,用人单位找不到好人才的问题同时存在。其深层次原因就是人才结构不匹配。我们提出增强职业教育适应性,就是要解决人才市场适应性和人才结构性问题,真正使人才学有所用、学用一致。

2. 要增强职业教育适应性,必须深入推进教育教学改革

正因为这样,我们在研究类型定位时就强调了服务面向、办学目标、办学模式、培养重点等方面的定位,这是增强适应性的前提。同时,我们要在具体的教育教学改革中狠抓落实。对此,我们需要抓好提质培优行动计划的落实,尤其是要深化“三教”改革。

3. 关键是要制定职业教育的标准和制度

职业教育要真正实现自身的价值,必须形成自己的特点和特色,这就需要我们探索建立与职业教育相适应的标准和制度,包括学校标准、专业标准、课程标准乃至校长标准,真正打造相对独立的教育教学和人才培养体系,真正为建设技能型社会做出贡献。

（五）朝着中国特色、世界水平的目标不断前进

习近平总书记强调要加快构建现代职业教育体系,这是党中央站

在实现"两个一百年"奋斗目标的高度,从为中华民族伟大复兴提供技术技能人才保障出发所做出的重要决定。因此,面向 2035 年乃至更远的未来,我们所要构建的现代职业教育体系必须具有中国特色、世界水平。改革开放是我国的基本国策,深化改革开放是时代的要求,职业教育作为与经济社会关系最为密切的教育类型,不仅要在国内经济发展中发挥积极作用,还要在"一带一路"建设和国际产能合作中形成主导力量。

1. 在构建以我为主的职业教育标准制度上下功夫出成效

改革开放 40 多年来,我们在学习国(境)外先进的教育理念和管理经验上取得了显著成绩。时至今日,我们应该以"博采众长、融合提炼、自我一家、中国特色、世界水平"的要求来进行新的探索,走我们自己的路,真正形成与综合国力相适应的具有世界水平的现代职业教育体系,这应当是中国特色高水平高职学校和专业建设计划的重点任务。

2. 明确中国特色现代职业教育体系建设的立足点和根本要求

习近平总书记在多次讲话和指示中都已经十分明确地表示,职业教育发展必须坚持党的领导、坚持正确办学方向、坚持立德树人。为此,我们一定要全面贯彻党的教育方针,努力做到"九个坚持",切实做好"四个服务",尤其是把立德树人的根本任务落到实处,做到五育并举,努力培养中国特色社会主义建设者和接班人,这应当是类型特色鲜明的现代职业教育体系建设的立足点和根本要求。

(六)建设立体化的现代职业教育体系

2022 年 12 月,中共中央办公厅、国务院办公厅印发了《关于深化现代职业教育体系建设改革的意见》(中办发〔2022〕65 号)。这是党的二十大以后,中央发布的关于职业教育建设、改革、发展的第一个重要文件,也是贯彻党的二十大精神和《职业教育法》的具体行动,它表明我国现代职业教育体系建设进入新阶段。

第一,把握基本依据。以习近平新时代中国特色社会主义思想为指导,认真学习贯彻党的二十大精神以及《职业教育法》,实施科教兴国战略,强化现代化建设人才支撑,坚持教育优先发展,办好人民满意的教育,统筹职业教育、高等教育、继续教育协同创新,推进职普融通、产教融合、科教融汇,优化职业教育类型定位。

第二,在立体化体系上出新招。把优化职业教育类型定位、探索类型特色作为基础;立足于人的全面发展,把终身学习与满足市场需求相结合;把国家资历框架和学分银行与省域职教体系建设相结合;努力做到产教、科教相融合,在两个融合上下功夫;努力做好职业教育、高等教育、继续教育协同创新大文章。

第三,在基层自主探索上谋发展,探索省域现代职业教育体系建设新模式,打造市域产教联合体、行业产教融合共同体。关于这个问题,有专家学者作了"区""块""距"的分析,很有意义。

(七)努力提高职业学校办学关键能力

提升职业学校办学关键能力,是职业教育高质量发展的基础,也是完善现代职业教育体系建设的基础,必须从基础和基层抓起,才能树立起全社会对办好职业教育的信心,增强职业教育的吸引力。

1. 抓牢专业建设这个龙头

努力办好一批特色专业,构建专业群建设机制,开发一批专业教学资源库。

2. 抓实课程建设这个基础

充分利用新技术建设课程资源,坚持以内容为王、技术为辅建设一批新形态教材,充分发挥课堂教学主渠道作用。

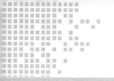

3. 抓好师资建设这个关键

配足专任教师队伍,优化教师队伍结构,提升教师队伍素质,加强"双师型"教师队伍建设,打造"双师"结构教学团队。

4. 抓紧实训建设这个条件

全面贯彻产教融合、校企合作,加强实践教学条件建设,丰富实践教学内容形成,推进校内实践教学生产化、经营化、真实化,推动校外实践教学化,建设一批开放型、区域性、产教融合实训中心,与此同时,必须确保办学条件达标。

5. 抓住学生成长这个根本

以中等职业学校为基础、高职专科为主体、职业本科为牵引,建设一批符合经济社会发展和技术技能人才培养需要的高水平职业学校和专业。

全面落实立德树人根本任务,办好思想政治理论课,全面推进课程思政建设,加强素质教育,构建大思政工作体系,培养德智体美劳全面发展的社会主义建设者和接班人。

支持优质中等职业学校与高等职业学校联合发展一贯制办学,开展中等职业教育与职教本科衔接培养,完善职教高考制度,健全"文化素质+职业技能"考试招生办法。

全面加强职业学校教育教学改革,持续优化人才培养模式改革,重视和加强招生和就业创业教育和服务,全面提升学生就业创业能力,促进学校全面发展和特色发展。

不断深化学校内涵建设,重视课表、课程、课堂、课本全面建设,丰富学生课余生活,拓展课外活动,切实增强学生个人素质和社会适应能力。

第三章 推进职业教育体系建设的方向与重心

周建松

改革开放以来,特别是党的十八大以来,我国的职业教育取得了举世瞩目的伟大成就,发展形成了世界上最大的现代职业教育规模;同时,中国职业教育的特色和体系正在加速形成之中,对中国经济社会发展正产生着积极的推动作用,成为推动中国经济高质量发展的重要力量,进而成为中国式现代化和中华民族伟大复兴的重要支撑力量。然而,我们也必须清醒地认识到,中国职业教育发展进程中不均衡、社会吸引力不强等情形依然存在。对此,我们必须认真分析,并通过深化改革加以解决。

一、正确把握我国职业教育发展的现实状况

以习近平同志为核心的党中央高度重视职业教育工作,习近平总书记多次作出重要指示,党中央、国务院作出重大决策部署并印发一系列重要文件,先后多次召开会议加以部署和推动。《中华人民共和国教育法》《中华人民共和国职业教育法》为职业教育发展保驾护航,职业教育取得重大的突破性成就。

一是从结构上看,我们不断推进高中阶段和高等教育阶段职普协调发展。2022年,在高中阶段,全国有中等职业学校(含技工学校)9752所,招生650.69万人,占高中阶段教育招生人数的40.71%;在校生1784.61万人,占高中阶段教育在校生人数的39.67%。在高等教育阶段,全国有高等职业院校(含职业本科)1521所,2022年招生546.61万人(不含5年期高职转入专科招生54.29万人),连续4年超过普

通本科招生规模。二是从学生发展看,我们坚持拓宽职业学校学生发展通道,根据产业升级调整需要和社会新增劳动力受教育年限提升规律,逐步引导中等职业教育在达到职业教育人才培养要求的基础上,通过中高职贯通、中高本衔接、完善职教高考等,为有意且符合条件的学生提供多种就业、升学发展路径。三是从职普融通看,我们推进职业教育与各学段普通教育渗透融合,推动两类教育在自成体系的基础上实现沟通衔接、融通发展,努力为每一个人创造人生出彩的机会。

《实施方案》明确指出,职业教育与普通教育是两种不同教育类型,具有同等重要地位,这是对我国职业教育的基本定位。这一论断已经在新修订的《职业教育法》中得到确认和保障。然而,这一类型特征要真正得以实现,在现实中尚有许多差距,规模大而类型特色不明显、规模大而地区间发展不均衡、规模大而社会吸引力不强的矛盾十分突出,具体表现如下。

一是与普通教育相比,职业教育的社会认可度、投入保障要素等明显不足。我国职业教育虽然发展很快,但发展政策一直存在着反复和变化,社会对其也一直不是十分认可。长期受学而优则仕思想影响,以技术技能人才为培养目标的职业教育一直在争议中徘徊发展,各地在教育经费投入等方面也没有把职业教育摆上十分重要的位置。根据德国的经验,对职业教育的投入一般应当为普通教育的3倍,但在我国往往1∶1的投入比也保障不了。各地在学校教育发展过程中,往往不自觉地把职业教育往普通教育靠,即使是强调了几十年的中等教育阶段职普大致相当,高等教育阶段高职教育占"半壁江山",实际上却退到4∶6的职普比甚至更小,职业教育随时会在协调发展的舆论中滑坡。

二是职业教育在地区之间发展不均衡的现象依然存在。我国是一个经济社会发展不平衡的统一多民族国家,地区之间经济发展差距较大,社会发展也不平衡,这种状况会长期存在,教育发展受其影响在所难免。但在普通教育板块,国家大力推进九年义务教育,积极推进东西部高等教育对口支援和均衡协调发展战略。从理论上说,职业教育应当是助力乡村振兴、推动共同富裕最重要的抓手,中央政府和各地也花了很大力气,但从实际效果看,西部地区、民族地区的职业教育尤其是中等职业教育的发展仍然令人担忧,即使是职业教育成绩和贡献十分突出的省份,如果要做一个客观的计量分析,情况恐怕仍然不很乐观。也就是说,地区之间职业教育的差距可能依然没有缩小,并仍有拉大的可能,这会对当地经济高质量发展所需的技术技能人才支撑产生重大影响。

三是院校办学条件达标情况离预期仍然存在不少差距。经过几十年特别是党的十八大以来党中央、国务院对职业教育的持续重视和各级政府的持续投入,职业院校的办学条件已经有了较大改善,但随着办学规模的扩大等,我国职业院校在经费投入、基础设施条件、师资队伍配备、教学设施设备等方面依然存在较大不足,这不利于满足全面建成社会主义现代化强国对技术技能人才的要求,尤其是面向2035年实现职业教育现代化建设的要求。这种情况不仅表现在生均量上,也表现在总量上;不仅发生在西部地区,而且出现在东部地区;不仅表现在民办职业院校,还表现在公办职业院校,离数智化、现代化的要求更是相距甚远,到了必须加以加强和提高的时候了。对此,我们必须切实加以重视。

二、深化职业教育体系改革的指导思想

党的二十大站在全面建成社会主义现代化强国的高度,提出了以中国式现代化全面推进中华民族伟大复兴的宏观愿景,并就实施科教兴国战略、强化现代化人才支撑做了全面部署。根据党的二十大精神,中办、国办印发了《关于深化现代职业教育体系建设改革的意见》,根据

我国职业教育高质量发展的目标要求和现阶段存在的短板,明确了体系建设改革的指导思想、方向任务和重点举措,尤其是阐明了改革的指导思想,其主要精神如下。

一是以习近平新时代中国特色社会主义思想为指导。党的十八大以来,以习近平同志为核心的党中央围绕改革发展稳定、治党治国治军、国防军队外交作出了一系列重要指示,推进了一系列重要改革,取得了许多历史性成就,创立了习近平新时代中国特色社会主义思想,包括经济思想、法治思想、外交思想、强军思想、生态文明思想,也包括习近平总书记关于教育的重要论述。其中聚焦立德树人根本任务,坚持党对教育事业全面领导,坚持以人民为中心的教育思想,大力推进素质教育、促进教育公平等一系列重要论述,为我国教育事业发展明确了方向。就职业教育而言,习近平总书记先后两次作出重要指示,在党的十九大和二十大报告中两次作出重大部署,党的十九大报告强调构建职业教育与培训体系,深化产教融合、校企合作;党的二十大报告强调推进职业教育、高等教育、继续教育协同创新,推进职普融通、产教融合、科教融汇,优化职业教育类型定位。这都为我们推进职业教育体系建设和改革指明了方向,要求我们把职业教育发展摆到经济社会发展中更加突出的位置,把习近平总书记提出的大有作为转化为大有可为。

二是坚持服务学生全面发展和坚持服务经济社会发展。这实际上是指我们深化现代职业教育体系建设改革的立足点和出发点,要坚持两个服务。首先是要以坚持服务全面发展为己任,认真贯彻以人民为中心的教育思想,认真贯彻党的教育方针,按照德智体美劳五育并举的要求,贯彻终身教育理念和全面发展要求,坚持价值塑造、知识传授、能力培养三融合,专业教育、素质教育、合作教育三协调,就业导向、创业能力、终身发展相衔接。与此同时,我们要坚持职业教育服务区域经济社会发展和与国家战略相统一,积极贯彻产教融合发展的原则,深化校企合作,推进工学结合,努力为经济社会发展培养高素质、高技能、高适应性技术技能人才。要坚持做到学校服务区域经济、专业对接产业、教学过程对接生产(经营)过程,课程对接岗位要求,不断提高人才满足区域经济社会发展需求能力,同时积极搭起科创和产学研平台,提升学校服务贡献力。

三是要紧紧抓住职业教育改革发展的新情况、新要求。当前,职业教育改革发展面临着新的形势、新的机遇,也面临着新的挑战和新的要求,具体来说:①部分学校发展面临补齐短板、达标规范的要求,大部分学校面临适应高质量发展的要求,要提升关键能力,我们必须抓住重点,有针对性地开展工作;②产教融合作为国家战略已倡导多年,并且在宏观层面采取了许多措施,包括国办印发《关于深化产教融合的若干意见》(国办发〔2017〕95号),但中、微观层面有待深入,要实现应有成效,必须切实加以推进;③职业教育与高等教育和继续教育的关系有待厘清,职普融通机制如何根据各地人文条件和区域经济社会发展状况协调发展,还有许多政策性问题需要研究;④科教融汇作为推动职业教育高质量发展的新赛道,如何围绕国家科教兴国战略,围绕提升职业教育办学能力和水平,采取更为有力的举措,要在优化职业教育类型定位和特色发展上下功夫见成效。

总之,深化现代职业教育体系改革,要有利于增强职业教育吸引力,有利于培养更多高素质技术技能人才、能工巧匠、大国工匠,有利于为建设教育强国、科技强国、人才强国奠定坚实基础。

三、推进现代职业教育体系改革的基本方向

推进现代职业教育体系改革是一项系统工程,根据党的二十大精神,职业教育与普通教育、继续教育的协同创新,职业教育与普通教育的融通,职业教育与产业科技的融汇,尤其是类型定位的优化都十分

重要。就当前来说,其基本方向主要如下。

一是不断深化职业教育供给侧结构性改革。供给侧结构性改革是习近平经济思想的重要内容,对于职业教育体系建设来说,也十分重要。职业教育供给侧结构性改革,要妥善解决好职业教育的供给与需求匹配问题,从需求分析看,社会主义现代化建设迫切需要大量高素质技术技能人才。正如习近平总书记在全国职业教育工作会议上所强调的那样,在全面建设现代化国家新征程中,职业教育前途广阔、大有可为。从职业教育内部看,供给结构也需要优化,其重点应该是围绕国家重大战略,紧密对接产业升级和技术变革趋势,采取如下方略:①优先发展先进制造、新能源、新材料、现代农业、现代信息技术、生物技术、人工智能等产业需要的一批新兴专业;②加快建设与老龄化社会及当前人口结构相适应的学前教育、护理、康养、家政等一批人才紧缺的专业;③升级改造钢铁冶金、医药化工、建筑工程、纺织制造等一批传统的专业;④淘汰撤并供给过剩、就业率低乃至职业岗位有可能消失的、落后的或者重复建设率较高的专业;⑤鼓励支持开设更多的符合市场需求、人才市场紧缺的专业,真正把职业教育结构优化到应有的水平,使专业链、教育链与人才链、创新链有机衔接,逐步实现无链对接。也只有这样,才能把以人民为中心的教育理念落到实处,真正实现高质量发展。

二是持续深化产教融合、校企合作。职业教育作为一种教育类型,其重要的特点是跨界性。也就是说,职业教育既涉及经济,也涉及教育,还涉及民生,应把职业教育融入产业和经济社会发展之中。当前,优化职业教育类型特色是我们的重要工作,也是推动职业教育高质量发展的重要抓手。对此,我们的理解是:①要把职业教育的服务面向转到区域经济和社会发展上来;②要把培养目标明确为培养高素质技术技能人才;③要把培养内容丰富为思想道德、科学文化与专业知识、技术技能;④要把培养方法优化为知行合一,也即不仅要让学生知道是什么,而且知道怎么做、怎么娴熟地做;⑤要把培养模式切实转变为产教融合、校企合作;⑥要把培养重点放到提高学生的就业创业能力上,真正培养出适应社会主义市场经济需要的高素质技术技能人才,努力使之成为能工巧匠和大国工匠。也只有这样,才能真正延伸教育链、服务产业链、支撑供应链、打造人才链、提升价值链,使职业教育社会地位和社会价值获得提升。

三是建立以地方为主的推进方略。深化现代职业教育体系改革是一项系统工程,需要统筹设计,更需要分步推进。根据《职业教育法》的规定,职业教育实行政府统筹、分级管理、地方为主、行业指导、校企合作、社会参与,如何构建一个以地方为主的职业教育体系,是今后时期我国职业教育改革发展的重要内容。我们的思考是:①要充分发挥地方的积极性,坚持在全国教育体系建设大框架内,允许并鼓励各地从经济社会发展需求出发,自主探索、创新作为,充分发挥地方的积极性;②把中央政府的统一性要求与地方政府的自主性相结合,采用新的模式,在推动央地互动、区域联动,政府、行业、企业、学校协同发展机制上下功夫、见成效;③从职业教育的特点出发,鼓励支持一些关系国计民生的重点行业、优势产业,结合自身需要,在现代职业教育体系建设尤其是发展职业本科教育上先行先试、率先突破、示范引领;④当前,我们可以采用"一体两翼"模式谋求现代职业教育体系的突破,"一体"即探索省域现代职业教育体系建设新模式,"两翼"即市域产教联合体和行业产教融合共同体,形成现代职业教育体系建设新格局。

四、深化现代职业教育体系改革的策略研究

深化现代职业教育体系改革,推动现代职业教育高质量发展,还有许多具体的工作需要夯实基础、创新作为、抓住重点、强力推进。

一是从基础层面看,办学条件要抓紧达标。职业教育作为一种教

育类型已经提出并实践多年,提高职业教育的社会吸引力,也已经提出多时,办学条件想要真正达标,其中起作用的既有社会和文化层面的因素,也有物质层面的内容。从当前情况看,职业院校办学条件未达标,基础能力薄弱是一个重要原因。办学条件不达标影响了职业教育的社会形象,也不利于激发职业教育的办学活力,不利于职业教育办学水平的提高,因此,花大力气、加大投入,以最快的速度,抓紧做好职业学校达标工作事关全局。为此,教育部等五部门于2022年印发了《职业学校办学条件达标工程实施方案》,明确了中央支持、地方为主、规划先行、分类推进、优化存量、做优增量、固基提质、重点突破的原则,并明确要求重点监测指标全部达标的学校比例到2023年底达到80%以上,到2025年底达到90%以上,这对于改善职业教育的社会形象、提升职业教育的办学水平,具有十分重要的支持和促进作用,务必要抓紧抓好。

二是从建设层面看,必须抓好学校办学关键能力的提升。学校的关键能力是一个系统概念,中办、国办印发的《关于深化现代职业教育体系建设改革的意见》提出,以提升职业学校关键能力为基础,以深化产教融合为重点,以推动职普融通为关键,以科教融汇为新方向,充分调动各方面积极性,有序推进现代职业教育体系建设改革,切实提高职业教育的质量。该意见提出了关键能力的概念,我们认为这意义十分重大。该意见重点谈到了教师、教材、课程、团队、实践项目、教学资源及培训等,这些对职业学校的关键能力至关重要。但我认为,这是远远不够的,在政治方向层面,提升党的领导力包括大党建体系、大思政体系、大文化体系建设,我认为也十分重要。同时,要特别强调的是,对于职业教育来说,具有特别重要意义的是专业,专业在职业教育中居于龙头地位,专业的设置、定位、特色、人才培养模式、人才培养质量等,应当处于关键地位。学校师资队伍的数量、质量与水平,尤其是一支具有创造力、战斗力的教师团队对关键能力提升十分重要,加上学校的服务贡献能力、资源整合能力、特色创新能力等,都应该纳入提升关键能力的重要内容中,得到学校的高度重视。

三是从发展层面看,必须拓宽学生成才成长的通道。学校是培养人的地方,教书育人、立德树人是基本职责,让学生有更宽广的发展平台和舞台,是学校的主要责任。正因为这样,从宏观层面看,我们要加快构建具有鲜明中国特色的现代职业教育体系,认真贯彻《职业教育法》,切实把《职业教育法》第十四条提出的"建立健全适应经济社会发展需要,产教深度融合,职业学校教育和职业培训并重,职业教育与普通教育相互融通,不同层次职业教育有效贯通,服务全民终身学习的现代职业教育体系"落实到位。从微观层面上看,每一所职业学校都必须坚持以学生为中心的办学理念,不断推进校政行企合作机制建设,广泛推进集团化办学,深化订单式人才培养和中国特色学徒制,着力优化人才培养机制,不断增强学生就业创业能力,为毕业生优质就业、顺利就业、对口就业、高质量就业创造条件;同时,学校应根据职业学校学生需求和特点,满足学生升学、深造等需要,为之创造有利的条件。学校还应完善就业创业服务体系、校友工作体系,为毕业生走向社会、走向职场、优质发展创造更好的条件。

四是从关键层面看,必须始终抓好教师队伍建设。教师是人类灵魂的工程师,在提高人才培养质量、促进职业教育高质量发展中起着关键作用,建设一支"数量适当、素质精良、结构合理"的师资队伍是关键所在。必须按照习近平总书记提出的"有理想信念、有道德情操、有扎实学识、有仁爱之心"的要求,加强师德师风建设,切实提升教师思想政治素质和职业道德水平;采取项目引领、工程推动的方法,持续加大对教师尤其是对青年教师的培养;持续加强对各年龄段、各层次、各门类教师的培养和培训,切实提高教师能力和水平;研究新形势下教师工作特点和情况,加大对教师工作的激励,努力让青年教师脱颖而出、中年教师稳定发展、老年教师幸福安康。要善于利用政策和条件,聘请或引进行业企业业务骨干、优秀技术和管理人才从教,也可通过设立特聘岗,聘请工程技术人员和能工巧匠兼职任教;既要提升专任教师实践和科研创新能力,也要善于打造"双师"结构教学团队,助力职业教育高质量发展。

深化现代职业教育体系改革是一项系统工程,必须从实际出发,抓住主要矛盾,有序推进和推动,以期取得丰硕成果。

深化现代职业教育体系建设改革的战略任务

第四章　以产业为导向构建现代职业
教育体系建设改革新模式

陈正江

当前,新一轮科技革命和产业变革深入推进,处于这一进程中的职业教育必须顺应形势,以产业为导向助推职业教育体系建设改革需要把握原则性、可操作性与可持续性。本章着重围绕以产业为导向的职业教育体系建设改革展开阐述。

一、以产业为导向的职业教育体系建设改革的原则

(一)高质量发展是全面建设社会主义现代化国家的首要任务

党的二十大报告强调"高质量发展是全面建设社会主义现代化国

家的首要任务",提出"我们要坚持以推动高质量发展为主题,把实施扩大内需战略同深化供给侧结构性改革有机结合起来,增强国内大循环内生动力和可靠性,提升国际循环质量和水平,加快建设现代化经济体系,着力提高全要素生产率,着力提升产业链供应链韧性和安全水平,着力推进城乡融合和区域协调发展,推动经济实现质的有效提升和量的合理增长"。这为以产业为导向的职业教育体系建设改革提供了根本遵循,指明了实践方向。

(二)以产业为导向的职业教育体系建设改革的政策背景

党的二十大报告提出"建设现代化产业体系。坚持把发展经济的着力点放在实体经济上,推进新型工业化,加快建设制造强国、质量强国、航天强国、交通强国、网络强国、数字中国"。对接建设现代化产业体系是深化现代职业教育体系建设改革的根本原则。中共中央、国务院先后印发《扩大内需战略规划纲要(2022—2035年)》《质量强国建设纲要》《数字中国建设整体布局规划》等重磅政策文件。2023年2月28日,国家统计局发布《中华人民共和国2022年国民经济和社会发展统计公报》。该公报显示,经初步核算,全年国内生产总值1210207亿元,比上年增长3.0%。其中第一产业增加值88345亿元,比上年增长4.1%;第二产业增加值483164亿元,比上年增长3.8%;第三产业增加值638698亿元,比上年增长2.3%。这些政策文件和统计公报均要求整体、系统和协同推动高质量发展,具有很强的原则性和指导性。

(三)以产业为导向的职业教育体系建设改革的原则性

2022年12月21日,中共中央办公厅、国务院办公厅印发的《关于深化现代职业教育体系建设改革的意见》,提出"坚持以教促产、以产助教、产教融合、产学合作,延伸教育链、服务产业链、支撑供应链、打造人才链、提升价值链"。这为以产业为导向深化职业教育体系建设改革规定了原则性方向。产业和职业教育具有同质性,产教融合、产学合作是从系统观念和关系向度来考察产业和职业教育这一对经济社会发展重要组成之间的关系的。对于职业教育来说,适应性反映为一种与产业发展相互协调的动态能力,以教促产和以产助教是职业教育与经济社会紧密互动关系的显性表征,因此,坚持产业导向既是深化现代职业教育体系建设改革的基本原则,也是提高职业教育质量、适应性和吸引力的必由之路。

二、以产业为导向的职业教育体系建设改革的运作

上面论述了以产业为导向的职业教育体系建设改革的原则,为深化现代职业教育体系建设改革提供了指引,进一步而言,以产业为导向的职业教育体系建设改革,不是"摆坛坛罐罐",工作上也不能"胡子眉毛一把抓",而应拿出切实可行的操作举措来。以产业为导向的职业教育体系建设改革的可操作性应从延伸教育链、服务产业链、支撑供应链、打造人才链、提升价值链五方面着力,推进理想改革图景落地实施。

(一)延伸教育链,促进多样化成才

作为国民教育体系和人力资源开发的重要组成部分,职业教育肩负着培养多样化人才、传承技术技能、促进就业创业的重要职责。延伸教育链是深化现代职业教育体系建设改革的重要抓手,通过提高劳动者素质和技术技能水平,让不同禀赋和有需要的受教育者能够多次选择、多样化成才,促进人的全面发展。

(二)服务产业链,深化政产学研用融合

建设现代化产业体系是全面建成社会主义现代化强国的物质技

术基础。随着产业变革与产业集聚的深入发展,推进产教融合、服务产业链是供给侧结构性改革在教育领域的递进深化。2022 年修订的《职业教育法》第二十一条第二款规定,国家根据产业布局和行业发展需要,采取措施,大力发展先进制造等产业需要的新兴专业,支持高水平职业学校、专业建设。因此,要打通"政产学研用"融合通道,真正做到产业在哪里,职业教育就服务在哪里。

(三)支撑供应链,打造产教融合共同体

党的二十大报告提出"着力提升产业链供应链韧性和安全水平",这是加快构建以国内大循环为主体、国内国际双循环相互促进的新发展格局的战略需要。随着区域协调发展战略和区域重大战略的深入实施,要适应建设现代化产业体系所引发的动态经济效应,从行业企业深化产教融合和校企合作入手,打造市域产教联合体和行业产教融合共同体,探索提升产业链供应链韧性和安全水平的宏观和微观机制。

(四)打造人才链,助力普惠性人力资本提升

党的二十大报告提出"实施科教兴国战略,强化现代化建设人才支撑",这为统筹教育、科技、人才"三位一体"发展,构建高技能人才全周期培养体系提供了遵循、指明了方向。促进人的全面发展和经济社会发展是以人民为中心的发展思想的核心要义,关注人的全面发展既需要关注个人、群体的生存方式,更需要关心他们的发展诉求。要坚持面向人人、因材施教,根据受教育者实际,循序渐进,努力实现全生命周期的人力资本开发、使用和收益。

(五)提升价值链,持续向中高端迈进

"做中学"、在价值创造中学习是职业教育的基本特征,也是职业教育服务经济社会发展的重要体现。提升价值链,就需要构建优质高效的现代职业教育新体系,推动职业教育与现代农业、先进制造业、现代服务业深度融合。通过支持龙头企业和高水平高等学校、职业学校牵头,组建学校、科研机构、上下游企业等共同产业的跨区域产教融合共同体,服务产业、行业和企业智能化改造和数字化转型,从服务实体经济到构建产教融合新生态,推动我国产业和企业价值链持续向中高端迈进。

三、产业园区:激活现代职业教育建设改革新模式

2022 年 12 月,中共中央办公厅、国务院办公厅印发的《关于深化现代职业教育体系建设改革的意见》提出"省级政府以产业园区为基础,打造兼具人才培养、创新创业、促进产业经济高质量发展功能的市域产教联合体"。产业园区应创设现代职业教育新空间,创新现代职业教育新理念,创造现代职业教育新模式。

(一)产业集聚:创设现代职业教育新空间

产业集聚是从产业综合体发展起来的。产业综合体由美国经济学家艾萨德于 1959 年提出,先后演化为产业联合体、产业共同体。产业集聚通常以城市为节点,通过产业集聚,促使产业从传统的相对封闭的配套关系逐渐发展为生态伙伴之间的开放合作关系,是实现资源高效配置与管理的重要路径。产业集聚由产业"微场景"到产业"大生态",包括复杂的、动态的应用需求和多样化、个性化、柔性、可定制环境自适应的各类应用,项目、产业、平台正是产业集聚的应有之义,正所谓无连接、不集聚。产业集聚、知识外溢和集体行动,将在特定的技术方向上引领市场的变化。因此,世界各国均把产业集聚作为重要的公共政策来实施。通常由政府启动,向产业进行技术转移,进而由企业力量促进产业链延伸,技术的社会扩散成为产业集聚向产业园区发展的有

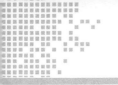

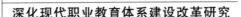
效模式。

(二)产业园区:创新现代职业教育新理念

产业园区是区域发展战略的承载空间。在我国,产业园区通常包括工业园区、科技园区和创意园区等,是通过规划而使企业集聚的载体。产业园区在形态上表征着"主体—空间"关系,构成了一个复杂的系统,融合了产业、教育等各种资源,呈现出海量、异质、自主等特性,资源配置和运行管理的复杂程度都很高。产业园区是系统复杂性在产业组织方面的具体体现,因此,在现实中通常存在园区分散、面积过大、企业联系和分工缺乏、专业化服务不足、停留在低增值环节等问题。通过产业园区的聚合效应,企业可以在"螺蛳壳里做道场",产业上中下游体系几乎可以全部集聚在相邻的地理区域里,从某个企业单纯的代工模式到产业链全环节分布,形成产教联合体。

(三)双向赋能:创造现代职业教育新模式

与传统职业教育相比,现代职业教育的属性变了,定义变了,内核变了,边界也变了。各类节点、枢纽、网络聚合强关系与弱关系的平台,加速各种各类高效应用的场景落地,将改变职业教育的供需关系与供给模式,成为改变现代职业教育理念和创新职业教育模式的重要方式。由园区建设而培育出产业集群,关键在于促进产学研合作的制度创新,打开学校围墙、打通校企界限、打破产教壁垒,形成开放的创新空间,从而为升级产业园区、激活职业教育提供无限的界面和多样的场景。在产教联合体、行业产教融合共同体的基础上,探索构建政府、行业、企业、学校协同参与的产教生态,促进产教双向赋能,创造从技术走向人本,从浅层集成到深度再造,从连接流程到连接时空、连接人人的现代职业教育新模式。

四、"五个一批"建设:深化产教融合的浙江行动

2023 年 1 月,浙江省发展改革委、浙江省经信厅、浙江省教育厅、浙江省科学技术厅、浙江省财政厅、浙江省人力资源和社会保障厅、浙江省人民政府国有资产监督管理委员会、国家税务总局浙江省税务局、浙江省地方金融监督管理局、浙江省总工会等 10 个部门联合公布了《浙江省 2021—2022 年度产教融合"五个一批"名单》,这是浙江省持续深化产教融合的重要行动。

(一)浙江省产教融合"五个一批"建设的提出

为落实《国务院办公厅关于深化产教融合的若干意见》(国办发〔2017〕95 号)、《浙江省人民政府办公厅关于深化产教融合的实施意见》(浙政办发〔2018〕106 号)等工作部署,进一步深化浙江产教融合,促进教育链、人才链与产业链、创新链有机衔接,全面提升教育水平和人力资源质量,2019 年 8 月,浙江省发展改革委、浙江省经信厅、浙江省教育厅、浙江省科学技术厅、浙江省财政厅、浙江省人力资源和社会保障厅、浙江省人民政府国有资产监督管理委员会、国家税务总局浙江省税务局联合印发《浙江省产教融合"五个一批"工作方案(2019年)》,推出产教融合"五个一批"建设重要举措,即建设一批产教融合联盟、一批产教融合示范基地、一批产教融合试点企业、一批产教融合工程项目和一批产学合作协同育人项目。

(二)浙江省产教融合"五个一批"建设历程

浙江省产教融合"五个一批"建设旨在推动形成具有全国影响力的一流公共创新服务平台。2021 年 1 月,"实施产教融合'五个一批'建设,促进教育链、人才链与创新链、产业链有机融合"写入《浙江省国

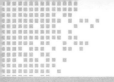

民经济和社会发展第十四个五年规划和 2035 年远景目标纲要》。

"五个一批"建设由浙江省产教融合工作联席会议成员单位联合组织开展,每年申报一次,当年申报总量不设上限。

2020 年 10 月,浙江省发展改革委等 10 部门发布通知,公布了 2019—2020 年度产教融合"五个一批"名单,确定了 13 个产教融合联盟、20 个产教融合示范基地、106 家产教融合型试点企业、63 个产教融合工程项目、240 个产学合作协同育人项目。

2021 年 12 月,浙江省教育厅办公室发布通知,公布了 2021 年度职业院校产教融合项目遴选认定结果,确定了 15 个产教融合联盟、20 个产教融合实践基地、101 个实习实训基地、248 个产学合作协同育人项目。

2022 年 12 月,浙江省发展改革委等 10 部门发布通知,公布了 2021—2022 年度产教融合"五个一批"名单,确定了 16 个产教融合联盟、2 个产教融合示范基地、53 家产教融合型试点企业、97 个产教融合工程项目、551 个产学合作协同育人项目。

(三)浙江省产教融合"五个一批"的具体建设任务

1. 组建省级产教融合联盟

重点围绕"数字浙江"、八大万亿产业和战略性新兴产业培育等,组建 10 个以上由普通高校、职业院校、行业龙头企业、科研机构等组成的共建共享共赢的省级示范性产教融合联盟,由省行业主管部门指导开展工作,鼓励有条件的产教融合联盟实体化运作。推动产教融合联盟内普通高校、职业院校、行业龙头企业在实验实训实习基地、专业课程设置、师资力量、人才培养、技术研发等方面共建共享,依托产教联盟做强一批行业龙头或者骨干企业,形成若干行业专业特色显著、人才支撑有力、产业链条完整、市场规模庞大的优势产业群。

支持联盟内普通高校、职业院校、行业龙头企业或者骨干企业、科研单位、行业协会或其他组织机构共同申报若干国家产教融合发展工程项目,开展产教融合型企业试点,鼓励在自愿的前提下形成协同共建、成果共享、创新共赢的产教融合联盟。进一步完善职业教育集团发展机制,开展多元主体共建职业教育集团的改革试点,探索建立以行业为纽带、专业为支撑的紧密型职教集团,形成一批具有示范引领作用的骨干职业教育集团。

2. 创建省级产教融合示范基地

根据《中国制造 2025 浙江省行动纲要》确立的高新技术产业和战略性新兴产业,支持国家级经济技术开发区、国家级高新技术开发区、省"万亩千亿"产业平台、省级经济开发区,以及产业创新中心、产业创新服务综合体、特色小镇等产业集聚平台,与普通高校和职业院校开展深度合作。通过"引校入企"或者"引企入校"实现人才培养供给侧和产业需求侧结构要素全方位融合,成为培养高素质创新人才和技术技能人才的重要载体和实践平台。

3. 支持省级产教融合型试点企业

充分发挥企业在技术技能人才培养和人力资源开发中的重要主体作用,重点支持行业龙头企业或骨干企业深度参与产教融合、校企合作,鼓励企业与职业院校、普通高校建立人才联合培养机制,共订培养方案,共建课程和教材等教学资源,共创实验实训中心和校外实践基地,共推培养过程,共评培养质量,加快培养一批企业发展急需的创新型人才和应用型人才。

4. 建设省级产教深度融合的工程项目(实验实习实训基地)

以产教融合实验实训实习基地建设为重点,支持普通高校、职业院校深化产教融合、校企合作,提高人才培养条件,加强实践育人。支持职业院校以校企合作(主要依托职业院校)建设生产性实训基地,或

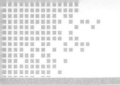

者兼具生产、技能教学功能的专业化实训基地(中心);支持普通高校向产教融合方向发展,同步推进学校实验实训实习环境、平台和基地建设与转型发展,推进一流学科与国家和省重点实验室、重大工程中心、重大科学装置、大实训实习基地协同发展。

5.开展省级产学合作协同育人项目

面向企业征集合作项目,由企业提供经费支持,根据产业和技术发展的最新需求推动高校人才培养改革。结合各院校学科专业特色和人才培养需求,整合优质的产业资源与教育资源,着力于创新教学改革,打造一批高水平、创新型的资源,促进产学合作育人,培养适应产业发展需求的高质量人才。

第五章　打造市域产教联合体

陈正江

党的二十大报告提出,坚持面向经济主战场,推动创新链、产业链、资金链、人才链深度融合。2022 年 12 月 27 日举行的教育部介绍、解读中共中央办公厅、国务院办公厅印发的《关于深化现代职业教育体系建设改革的意见》新闻发布会上,教育部职业教育与成人教育司陈子季司长提出,职业教育服务场域应由"区域"转向"全局",更加注重支撑新发展格局。

一、职业教育服务场域

(一)场域概念意涵及其分析方法

场域是法国当代社会学家皮埃尔·布尔迪厄提出的社会学分析核心概念。在他看来,"反思性的主体最终必然是作为一个整体的社会科学场域"[①]。具体而言,"场域是指一些关系束,一个场域由附着于某种权力(或资本)形式的各种位置间的一系列客观历史关系所构成"[②]。布尔迪厄强调,"场域这个概念是关系性的。这一点尤其意味着只有在

[①]　布尔迪厄,华康德. 反思社会学导引[M]. 李猛,李康,译. 北京:商务印书馆,2015:41.

[②]　布尔迪厄,华康德. 反思社会学导引[M]. 李猛,李康,译. 北京:商务印书馆,2015:15.

彼此的关系之中,它们方能充分发挥作用"①。同时,"每个场域都赋予利益这个空洞的范畴以全新的内容"②。从研究进路上看,"如果我们不对场域的结构进行共时性的分析,就不能把握该场域的动力机制;同时,如果我们不对结构的构成,不对结构中各种位置间的张力,以及这个场域和其他场域,尤其是权力场域间的张力进行一种历史分析,也就是生成性分析,我们也就不能把握这种结构"③。而且,"场域的界限只能通过经验研究确定"④。上述这些关于场域概念和方法的思想对我们分析现代职业教育具有启示和借鉴价值。

(二)现代职业教育场域包括五大关系

2021年,中共中央总书记、国家主席、中央军委主席习近平对职业教育工作作出重要指示强调,"在全面建设社会主义现代化国家新征程中,职业教育前途广阔、大有可为"。从全面建设社会主义现代化国家的战略高度审视职业教育,这一重大论断对深入认识现代职业教育的场域具有重要的指导性。事实上,职业教育服务面向由区域转向全局是一种从结构到场域的转变过程。从场域是一些关系束的角度出发,现代职业教育的场域包括职普关系、产教关系、校企关系、教学关系、中外关系,因此,深化现代职业教育体系建设改革是促进现代职业教育场域形成的中间环节,完成这一关键过程后,职业教育改革重心将由教育转向产教融合,更加注重服务经济社会发展。

---

① 布尔迪厄,华康德.反思社会学导引[M].李猛,李康,译.北京:商务印书馆,2015:18.

② 布尔迪厄,华康德.反思社会学导引[M].李猛,李康,译.北京:商务印书馆,2015:26.

③ 布尔迪厄,华康德.反思社会学导引[M].李猛,李康,译.北京:商务印书馆,2015:116.

④ 布尔迪厄,华康德.反思社会学导引[M].李猛,李康,译.北京:商务印书馆,2015:126.

(三)面向经济主战场,支撑新发展格局

通常而言,产业是生产经营具有密切替代关系的产品或劳务的企业所组成的集合。[①] 对产业的研究可从产业组织、产业结构、产业政策等方面展开,这与现代职业教育的基本特征——产教融合具有高度的一致性。服务区域经济社会发展,以教促产、以产助教、产教融合、产学合作,推动形成同市场需求相适应、同产业结构相匹配的现代职业教育结构和区域布局是深化现代职业教育体系建设改革的基本原则,也是职业教育的比较优势。在这方面,无论是国家发展改革委实施的"十三五"教育现代化推进工程、"十四五"教育强国推进工程等重大工程中的职业教育工程,还是教育部、财政部实施的"双高计划",教育部等九部门实施的"提质培优行动计划"具体任务项目,都旨在增强职业教育的比较优势,使其更好地面向经济主战场,支撑新发展格局。

二、基于共同利益经济学的校企合作

校企合作是现代职业教育的基本特征,如何看待这种新型社会契约,下面基于共同利益经济学探讨何谓校企合作、校企为何合作、校企如何合作。

(一)何谓校企合作——一种新型社会契约

2021 年 11 月,联合国教科文组织面向全球发布的《共同重新构想我们的未来:一种新的教育社会契约》报告提出:"教育可以视为一种社会契约——一种社会成员间为了共享的利益而合作达成的默示协议。

---

① 王俊豪.产业经济学[M].4 版.北京:高等教育出版社,2021:1.

这一契约源于一种共享愿景,即教育具有公共目的。"报告明确,这种契约应包括构架教育体系的基础与组织原则,以及相关落实建立、维护和改善该体系的分步式工作等。缔结这种新的教育社会契约必须遵循两条基本原则,即确保人们终身接受优质教育的权利,优化教育作为公共行动和共同利益的形式。职业教育概莫能外,新型社会契约为了解校企合作内容、提高校企合作能力提供了一种新的分析视角。

(二)校企为何合作——共同利益经济学

合作是为了实现一个共同的目标而实现各自的小目标。[①] 尽管学校和企业的组织宗旨不同,但两者可能因共同利益而展开合作。这种共同利益既源于职业教育作为一种公共产品所具有公共利益,也会激励校企双方对其所面临的利益做出反应,而这将决定它们所要选择的行为。校企合作是职业教育一个非常广泛的实践领域,随着人工智能、自动化和结构转型重塑全球就业格局,创造以人为本的体面工作将变得更为艰难。尽管问题相当错综复杂,但并非没有最佳解决方案。世界上大多数国家政府主要采用的方式是通过出台政策,引导校企双方的需求,使其响应并适应经济社会发展的形势。要想理解政府政策对校企合作的影响,最好的方式莫过于分析具体的法律、法规、政策是如何影响校企合作的,我们来看看我国《职业教育法》对这个问题是如何规定的。

(三)校企如何合作——《职业教育法》的规定

2022 年修订的《职业教育法》第四十条规定,"职业学校、职业培训

---

① 克劳斯·施瓦布,蒂埃里·马勒雷. 大叙事:构建韧性、公平和可持续的社会 [M]. 世界经济论坛北京代表处,译. 北京:中信出版社,2022:93.

机构实施职业教育应当注重产教融合,实行校企合作。职业学校、职业培训机构可以通过与行业组织、企业、事业单位等共同举办职业教育机构、组建职业教育集团、开展订单培养等多种形式进行合作。国家鼓励职业学校在招生就业、人才培养方案制定、师资队伍建设、专业规划、课程设置、教材开发、教学设计、教学实施、质量评价、科学研究、技术服务、科技成果转化以及技术技能创新平台、专业化技术转移机构、实习实训基地建设等方面,与相关行业组织、企业、事业单位等建立合作机制"。校企双方基于其独特的定位,通过一系列不同的运营活动,创造出极具价值的共同利益。

三、超越交易成本和社会责任的校企合作分析

对于校企合作,通行的分析框架有两种:一种是交易成本分析;另一种是社会责任分析。在千禧一代(指 1984—1995 年出生的一代人)和 Z 世代(指 1995—2009 年出生的一代人)逐渐成为劳动力主力,并且这一趋势正不断强化的情况下,我们要在分析交易成本和社会责任的基础上,开展基于共同利益的校企合作政治经济学分析。

(一)交易成本:企业的性质

1937 年,罗纳德·科斯发表《企业的性质》,分析了企业产生的原因。自此以后,"产权、契约过程和交易成本就成为新制度经济学的基本要素,对替代性产权和契约过程——尤其是和保障、转让有关权利——的分析,也就是这些权利根据环境不同激励而做出的适应或改变,以及这些改变对过去和当前经济绩效的含义,这些一直是新制度经济学的研究焦点。在所有这些研究中,交易成本都处于中心地位,它们的形式和大小对产权的建立、执行以及契约过程的流畅性都有重大

影响"①。但我们不要忘记,在《企业的性质》基础上,1960 年,科斯发表了《社会成本问题》,阐述对他人产生有害影响的企业行为造成的广义的社会成本问题,这正成为企业社会责任之滥觞。

(二)社会责任:利益相关者

1970 年,在获得诺贝尔经济学奖之前,米尔顿·弗里德曼在《纽约时报》上发表的专栏文章称:"企业有且只有一个社会责任,那就是提高经营利润。"②随着经济发展和社会进步,这种认识正在悄然发生改变。正如世界经济论坛发布的《2020 达沃斯宣言》强调的那样:"企业的普遍性宗旨应该是与所有利益相关者展开交流与合作。"③2022 年修订的《职业教育法》第二十四条规定,企业应当根据本单位实际,有计划地对本单位的职工和准备招用的人员实施职业教育,并可以设置专职或者兼职实施职业教育的岗位。企业开展职业教育的情况应当纳入企业社会责任报告。当然,这并不是说企业应当参与每一项职业教育议题,而是说企业有"责任"开展职业教育,或者其与学校开展合作的行动会产生积极的、有意义的变革时,它们就应当参与这些议题。

(三)迈向共同利益的校企合作

健康和教育是人力资本的两大支柱。2022 年 11 月,国务院国资委等 13 个部门印发的《支持国有企业办医疗机构高质量发展工作方案》就旨在利用资源整合、重组改制等方式不断深化改革,同时通过发

① 斯蒂文·G. 米德玛.科斯经济学:法与经济学和新制度经济学[M].罗君丽,李井奎,茹玉骢,译.上海:格致出版社,2010:8.

② 克劳斯·施瓦布,蒂埃里·马勒雷.大叙事:构建韧性、公平和可持续的社会[M].世界经济论坛北京代表处,译.北京:中信出版社,2022:150.

③ 克劳斯·施瓦布,蒂埃里·马勒雷.大叙事:构建韧性、公平和可持续的社会[M].世界经济论坛北京代表处,译.北京:中信出版社,2022:153.

52

展壮大以医疗健康为主业的国有企业办医疗机构,满足人民群众日益增长的多层次多样化医疗健康服务需求。通常,我们称这样的企业为"社会企业",作为社会生态系统的一员,这种做法最符合企业和社会的共同利益。事实上,校企合作也是同样的道理,即企业关注社会生态系统的需求,着眼于推动人的全面发展,这是一种长期投资。我们欣喜地看到,为适应技术创新和产业变革,企业正在持续投资员工和社区,因为它们深知这是维持长期增长的关键途径,也是迈向校企合作共同利益的重要契机。校企共同开展多方面合作,以技能升级持续提升受教育者就业适应力,推动经济社会可持续发展。

四、对接"415X"先进制造业集群,打造产教联合体

2023 年 2 月,浙江省人民政府印发《浙江省"415X"先进制造业集群建设行动方案(2023—2027 年)》,这是贯彻落实 2022 年 8 月《浙江省人民政府关于高质量发展建设全球先进制造业基地的指导意见》的具体行动。产业集群具有很强的溢出效应,为探索省域现代职业教育体系建设新模式提供了指引。

(一)产业集聚与产业集群

产业地理是经济地理学研究的重要内容。产业集聚是指相关企业在一定地理空间上的集聚,以获得集聚外部性、降低成本并提高效率。产业集聚的影响因素包括资源投入、市场需求、企业内外部规模经济、产业联系、区域经济一体化等方面。产业集群的研究主要关注集群形成的动力、发展过程以及创新能力。党的二十大报告提出,推动战略性新兴产业融合集群发展,构建新一代信息技术、人工智能、生物技术、新能源、新材料、高端装备、绿色环保等一批新的增长引擎。浙江省培育"415X"先进制造业集群是贯彻落实党的二十大精神的集中体现,更

是产业集聚与产业集群理论的具体实践。

(二)浙江省"415X"先进制造业集群

浙江省培育"415X"先进制造业集群即打造新一代信息技术、高端装备、现代消费与健康、绿色石化与新材料等 4 个世界级先进产业群；提升高端软件、集成电路、数字安防与网络通信、智能光伏、节能与新能源汽车及零部件、机器人与数控机床、节能环保与新能源装备、智能电气、高端船舶与海工装备、生物医药与医疗器械、现代纺织与服装、现代家具与智能家电、炼油化工、精细化工、高端新材料等 15 个千亿级特色产业集群；面向人工智能、第三代半导体、基因工程、前沿新材料、元宇宙、区块链等前沿领域，打造一批具有技术领先性和国际竞争力的百亿级"新星"产业群。

(三)打造产教联合体和行业产教融合共同体

2022 年修订的《职业教育法》第二十一条第二款规定，国家根据产业布局和行业发展需要，采取措施，大力发展先进制造等产业需要的新兴专业，支持高水平职业学校、专业建设。事实上，政府对经济活动的引导通常具有空间意义，会引起资源、资本、劳动力、服务和商品生产的空间差异性。随着区域协调发展战略和区域重大战略的深入实施，省际、省域、市际、市域的协同发展不断铺开，研究这种背景下区域发展模式和产业格局及其所引发的动态经济效应，探索省域现代职业教育体系建设新模式，打造产教联合体和行业产教融合共同体，特别是从企业层面切入研究产业集群经济的微观机制，为深化校企合作、培养高素质技术技能人才提供了支撑。

第六章　打造行业产教融合共同体

王玉龙

党的二十大报告指出,统筹职业教育、高等教育、继续教育协同创新,推进职普融通、产教融合、科教融汇,优化职业教育类型定位。新修订的《职业教育法》明确,对深度参与产教融合、校企合作,在提升技术技能人才培养质量、促进就业中发挥重要主体作用的企业,按照规定给予奖励;对符合条件认定为产教融合型企业的,按照规定给予金融、财政、土地等支持,落实教育费附加、地方教育附加减免及其他税费优惠。这充分体现了党和国家对职业教育的高度重视,对坚持产教融合、校企合作的一以贯之。职业教育作为一种教育类型,其发展进程与工业化社会发展同向而行。与普通教育相比,职业教育更加强调工作环境中、岗位情境下的学习,更加注重按工作岗位、职业需要组织教学内容,这要求职业教育与产业发展融合,职业院校与行业企业契合,专业学习与工作岗位结合。

产教融合作为国家的一项制度设计,在深化教育教学改革、助力产业转型升级、促进教育和产业联动发展方面发挥了积极作用。从2011年教育部等九部门联合出台《关于加快发展面向农村的职业教育的意见》(教职成〔2011〕13号)指出"促进产教深度合作",到2015年教育部印发《关于深化职业教育教学改革全面提高人才培养质量的若干意见》(教职成〔2015〕6号)提出将产教融合内涵拓展为职业教育的机制与路径,从职业院校人才培养层面进行制度设计;从党的十九大报告提出"完善职业教育和培训体系,深化产教融合、校企合作",到2018年国务院印发《关于深化产教融合的若干意见》(国办发〔2017〕95号),再到国家发展改革委等六部委印发《国家产教融合建设试点实施方案》（发改社会〔2019〕1558号），从发展壮大现代产业体系以及人力资源供给侧结构性改革的视角出发，研究教育链、人才链与产业链、创新链的内在关系，产教融合的制度设计已经从教育部等职能部门层面上升到国家层面，从职业院校发展拓展到产业转型升级，成为国家协调教育系统与产业系统、构建教育和产业统筹融合发展格局的举措；从2019年国务院印发《国家职业教育改革实施方案》（国发〔2019〕4号），指出促进产教融合校企"双元"育人，坚持知行合一、工学结合，推动校企全面加强深度合作，强调"厚植企业承担职业教育责任的社会环境，推动职业院校和行业企业形成命运共同体"，一直到2020年教育部等九部门印发《职业教育提质培优行动计划（2020—2023）》（教职成〔2020〕7号）、2021年中办与国办印发《关于推动现代职业教育高质量发展的意见》、2022年中办与国办印发《关于深化现代职业教育体系建设改革的意见》等系列制度文件，都对产教融合工作进行了重点部署，大力推动产教深度融合，推动职业教育高质量发展。这要求产教融合同经济社会发展、区域发展布局、国家创新体系和新型城镇化建设等国家发展任务结合。产教融合的主体从职业院校拓展到行业企业、科研院所、社会团体，适用领域从职业教育延伸至高等教育、基础教育，产教融合在制度设计层面已经实现系统化、规范化。

产教融合作为职业教育深化教育教学改革的重要内容，是在校企合作实践基础上逐渐形成的一种共识。从公开文献看，"产教融合"是学术期刊在报道职业院校校企合作实践中首先使用的概念，是建立在半工半读、工学结合、校企订单人才培养、职教集团、职教园区等的实践探索基础上形成的概念。随着职业教育人才培养特色的形成，校企合作的内涵不断丰富、实现形式逐渐多样，从制度层面的混合所有制、产业学院、企业大学，到组织层面的产教融合型企业、协同创新中心、技能大师工作室，再到人才培养层面的现代学徒制、1+X证书制度试点等，职业院校正在从校企合作向产教融合迈进，行业企业的重要主体作用不断凸显。职业院校从以人才培养为重点,逐渐向技术创新、社会服务、文化传承等多方面发展,行业企业参与、专业特色鲜明已经成为职业院校内涵发展的关键。深化产教融合体现在办学理念、人才目标、专业建设、教学模式、课程改革等方面,对接科学技术发展趋势,激发行业企业参与职业教育的积极性和主动性,建设优质资源共享、合作机制灵活、服务产出高效的人才培养和技术创新平台,职业院校将在深化产教融合中逐渐分化,在服务行业企业产品研发、技术推广、智库咨询中变革职业院校的组织形态。可见,推动职业教育高质量发展,必须坚持以教促产、以产助教、产教融合、产学合作,延伸教育链、服务产业链、支撑供应链、打造人才链、提升价值链,推动形成同市场需求相适应、同产业结构相匹配的现代职业教育结构和区域布局,打造行业产教融合共同体。

一、汇聚产教资源,服务高质量专业人才培养

行业产教融合共同体主要包括政府主管部门、行业企业、高等学校、科研院所等主体,其中政府主管部门主要包括行业主管部门和教育行政部门,行业企业包括行业协会、联盟、集团以及企业,高等学校包括行业性的普通高校、职业院校以及特色鲜明的中职学校,科研院所包括各类研究机构。行业发展是行业产教融合共同体构建的前提,也是抵御行业发展风险的方式,共同体中利益的分配是共同体的核心问题,参与主体的异质性决定了各自利益诉求的不同,在收益形式、收益时间、收益大小等方面存在较大差异。按照收益形式可分为直接利益、间接利益,按照收益时间可分为短期利益、中期利益、长期利益。按照一定维度分类是为了分析不同主体的利益诉求,实际上在行业产教融合共同体的持续发展中,参与主体都是利益的获得者,只是在某个维度上存在一定程度的差异。以行业产教融合共同体中的人才培养为

例,以收益方式维度分析,学校获得的是直接利益,企业获得的是间接利益,而科研院所在这个方面的收益则不明显,政府主管部门获得的是更为宏观及长期的利益,这就决定了参与主体在人才培养中的主动性和参与程度。

能够提供同类替代商品或服务是行业主体的内在属性,在打造行业产教融合共同体的过程中应充分考量行业主体之间的可替代性,一方面主体的同质性决定了其发展需求的相似或相近,有着共同的诉求;另一方面主体的同质性过高会导致共同体内部的竞争性,加剧主体之间对发展资源的争夺。为有效解决行业产教融合共同体的内在矛盾,政府行政部门和行业协会显得尤为重要,首先两者属于非营利性组织,提供的是公共服务和公共产品,在行业发展中更加侧重满足行业整体的发展需要,对产教融合共同体的引导也更能够影响参与企业主体的行为。参与过程中,非营利性主体更注重社会效益,而营利性主体更强调经济效益,尽管社会效益和经济效益在根本上是不冲突的,但是在特定的情境或政策中会出现考虑谁优先的问题,这就是行业产教融合共同体必须妥善解决的问题,否则参与主体的利益无法保障就会引发主体参与的积极性衰减甚至退出行为。

产教融合与经济社会发展、区域发展布局、国家创新体系和新型城镇化建设等国家发展任务结合,参与主体涉及各类学校、行业企业、科研院所、社会团体,适用领域从职业教育延伸至高等教育、基础教育,产教融合在制度设计层面已经系统化、规范化。职业教育深化产教融合需要将学校和企业中的资本、技术、知识、设备、场地、管理等要素进行有机整合,将企业生产要素融入职业教育人才培养体系,以签订契约的方式进行合作,发挥不同性质主体的优势,实现资源配置的最优化,促进人力资源开发。优先选择新一代信息技术产业、高档数控机床和机器人、高端仪器、航空航天装备、船舶与海洋工程装备、先进轨道交通装备、能源电子、节能与新能源汽车、电力装备、农机装备、新材料、生物医药及高性能医疗器械等重点行业和重点领域,支持龙头企业和高水平高等学校、职业学校牵头,组建学校、科研机构、上下游企业等共同参与的跨区域产教融合共同体,汇聚产教资源,制定教学评价标准,开发专业核心课程与实践能力项目,研制推广教学装备。

教育部职业教育与成人教育司先后于 2020 年、2021 年公布了两批示范性职业教育集团(联盟)培育单位,其中第一批 150 个单位、第二批 149 个单位。职业教育集团(联盟)的宗旨在于整合不同参与主体的优势资源,降低协调成本,实现单个组织无法达成的目标,通过加强与地方政府、产业园区等的深度合作,联合本科高校、职业院校、中职学校、行业龙头企业、科研机构、行业协会等组织,组建具有紧密性的非法人组织。以建设培育示范性职业教育集团(联盟)为契机,进一步完善职业院校治理结构,扎实有效开展试验探索,全面增强职业教育集团化办学的活力和服务能力,明确工作定位是把建设培育示范性职业教育集团(联盟)作为深化产教融合、校企合作的重要抓手,以服务发展为宗旨,以促进就业为导向,以完善现代职业教育体系为引领,以提高技术技能人才培养质量为核心,进一步激发职业教育办学活力,促进优质资源开放共享。2023 年 3 月,教育部办公厅印发《关于开展第一批现场工程师专项培养计划项目申报工作的通知》,在"申报条件与要求"中指出,"鼓励行业产教融合共同体企业及上下游企业、市域产教联合体内企业联合申报,未纳入项目管理系统且符合'培养计划'相关条件的企业,可由项目申请学校在系统中提出申请"。

二、实施分层分类,为行业提供稳定的人力资源

产教融合共同体功能发展的前提是参与主体的角色定位和价值定位清晰。共同体内不同主体发挥不同的作用,是基于共同体目标或价值引领下自身资源优势发挥的过程。参与主体如果不能对自身有

清晰的定位,极容易出现参与主体间的冲突和矛盾,增加共同体运行的成本。参与主体在角色定位清晰后才能最大限度地发挥作用,推动共同体效能的实现。共同体依据产业链分工对人才类型、层次、结构的要求,实行校企联合招生,开展委托培养、订单培养和学徒制培养,面向行业企业员工开展岗前培训、岗位培训和继续教育,为行业提供稳定的人力资源支持。全面实施现代学徒制,开展1+X证书制度试点,建设"教学工厂",将"教学研创"融为一体,完善学校和行业深度融合、校企联合培养、双主体育人的人才培养模式,探索共建产教融合应用型课程机制,促进学生在做中学、学中做,拓展校企合作育人的广度和深度,实现多方共建共享的运行机制,形成校企协同育人的格局。

2021年11月,教育部印发《关于公布全国行业职业教育教学指导委员会(2021—2025年)和教育部职业院校教学(教育)指导委员会(2021—2025年)组成人员和工作规程的通知》,指出全国行业职业教育教学指导委员会(以下简称行指委)是受教育部委托,由各行业主管部门或行业组织等牵头组建和管理,对相关行业职业教育和培训工作进行研究、咨询、指导和服务的全国性、非营利性、非常设性专家组织。该组织为主要面向行业职业教育和培训的专家组织,根据产业发展新形势和对技术技能人才培养的需求共设置57个行指委、5个教指委。行指委具体涉及的行业有安全、包装、财政、餐饮、测绘地理信息、船舶工业、电力、电子商务、纺织服装、钢铁、工业和信息化、公安、供销合作、关务、广电与网络视听、国土资源、航空工业、机械、建材、交通运输、金融、粮食、林业和草原、旅游、煤炭、民航、民政、民族技艺、农业、气象、汽车、轻工、人力资源和社会保障、商业、生态环境、生物技术、石油和化工、食品产业、食品工业、市场监管、视光、水利、司法、体育、铁道、统计、外经贸、卫生健康、文化艺术、文物保护、物流、新闻出版、药品、邮政快递、有色金属、中医药、住房和城乡建设等。教指委涉及的领域有教育类、外语类、艺术设计类专业,文化素质、信息化等。这些专业的组织成为构建行业产教融合共同体的中坚力量。

为更好地开展工作,教育部制定了《全国行业职业教育教学指导委员会工作规程(试行)》,并明确其工作内容主要有组织本行指委深入学习贯彻习近平新时代中国特色社会主义思想,学习习近平总书记关于教育的重要论述,学习习近平总书记关于职业教育工作和本行业领域的重要指示批示,学习党和政府关于职业教育的决策部署,落实教育部关于职业教育工作的部署要求;研究分析本行业(专业)领域职业教育高质量发展与教育教学领域的重要理论与实践问题,为教育部和行业主管部门提供咨询意见和建议;跟踪产业政策、发展动态,系统梳理本领域产业、职业、岗位、专业的关系,研究新产业、新业态、新模式对职业教育专业建设的新要求,开展本行业(专业)领域技术技能人才需求预测分析,提出不同层次技术技能人才培养目标与培养规格,提出职业院校专业设置建议;受教育部委托,承担专业目录、专业教学标准、实习标准、实训条件建设标准等职业教育教学标准研制、修订工作,健全职业教育国家教学标准体系,并推动标准在职业院校落地实施;受教育部委托,指导、评议、推荐有关教学改革方案、优秀教学成果和优秀教材等;广泛联系职业院校,指导服务职业院校教育教学改革,促进课程思政与思政课程同向同行,指导专业建设、课程建设、教材建设、实训基地建设和实习实训等工作;指导探索中国特色学徒制、职业技能等级证书制度等改革;组织开展专业建设和教学改革经验交流,宣传推广典型案例;服务职业院校教师队伍建设,参与指导师资培训和双师型教师培养培训基地建设,推进教师到企业实践工作落实落地,搭建平台创新机制,推动企业高技能人才到学校兼职任教;广泛联系行业龙头企业,指导企业深度参与职业教育专业规划、课程设置、教材开发、教学设计、教学实施,接收学生实习,设立学徒岗位;指导校企开展双边多边技术协作、科研攻关和社会服务,推进共建技术技能创新平台等;组织开展产教对话活动,指导职教集团建设、职业院校技能竞赛等工作等内容。

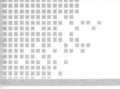

三、建设技术创新中心，服务行业企业转型升级

随着我国经济结构转型升级，产业结构不断优化，技术创新在经济社会发展中的地位和作用日益凸显。职业教育作为服务区域、产业发展和国家战略需要的重要载体，加强应用技术传承和研发能力，提升人才培养质量和技术服务附加值是其重要职能，而职业教育这些职能的发挥是以技术创新为前提的。政府、学校、行业、企业分属不同的部门，要有效发挥各自在技术技能积累特别是技术创新的优势，需要厘定各利益主体之间的关系，通过完善法律的形式明确其权利和义务，建立健全技术创新体制机制。法律法规的制定和完善是国家和地方权力机构的职责，在完善关于技术创新的法律法规过程中，应依托"学校、政府主导，行业指导，企业参与"原则。进一步明确行业、企业以股份制、混合所有制参与职业教育技术创新的法律地位，让校企之间的产权划分清晰化、合法化，突破校企合作的障碍，使多方协同参与职业教育技术技能积累和创新。故职业教育依托强有力的法律法规支持，才能汇集技术创新的多方力量，实现技术技能的不断传承、积累和沉淀，更好地服务区域经济发展和企业技术革新。

伴随着科学技术的迅猛发展，新一轮的产业变革正在悄然发生，技术技能的积累和创新在企业发展中的作用日益显现。产教融合成为高职院校服务区域发展和产业转型升级的重要力量，通过技术技能积累，促进创新成果与核心技术产业化；通过消弭学校与企业之间信息不均等，满足区域行业企业发展和院校自身发展需要，形成校企命运共同体。建设协同创新中心。以区域产业发展为导向，以高职院校为依托，通过协同创新中心培育孵化研究项目，实现产出成果服务企业发展、服务学校人才培养。2019 年教育部发布《高等职业教育创新发展行动计划（2015—2018 年）》项目认定名单，认定了工程检测技术等 480 个协同创新中心,肯定了高职院校牵头建立的协同创新中心在技术创新、技能积累、成果转化等方面发挥的作用。2022 年 12 月,教育部、国家知识产权局、科技部印发《关于组织开展"百校千项"高价值专利培育转化行动的通知》,指出建立完善高价值专利培育工作机制,重点在依托高校建设的全国重点实验室、国家技术创新中心、国家工程研究中心、前沿科学中心、关键核心技术集成攻关大平台、省部级创新平台以及高校承担的科技创新 2030—重大项目、国家重点研发计划等创新项目实施过程中,充分运用专利导航等手段,在综合分析产业发展环境、研判技术发展趋势的基础上,围绕关键共性技术、前沿引领技术、现代工程技术、颠覆性技术等重大突破,挖掘能够有力支撑传统产业转型、战略性新兴产业发展和未来产业形成的科技成果,制定实施专利布局计划,培育一批高价值专利(组合)。

协调政府、行业、企业、学校等相关部门,制定产业技术技能积累与创新的发展规划,明确产业技术技能发展方向、目标任务,建立技术技能积累制度,形成技术技能服务社会发展的共同体;整合相关社会资源,促使政府、企业、高职院校、社会联动,形成技术技能积累与创新合力,建设技术创新中心,支撑高素质技术技能人才培养,服务行业企业技术改造、工艺改进、产品升级,凸显职业教育参与技术技能积累的重要职责和作用,更好地服务经济社会发展。一方面,搭建职业教育技术转化与推广平台。在产业转型升级、技术革新增速的时代背景下,推动职业院校与行业企业共建技术工艺和产品开发中心、实验实训平台、技能大师工作室等,提升职业教育技术技能积累能力和水平,让职业教育成为行业企业特别是中小企业技术研发、技术转化、技术推广的重要载体,突破职业教育只重视教学而忽视技术技能积累的问题,实现研究促教学、合作促发展,使职业教育成为国家技术技能积累与创新的重要载体。另一方面,丰富职业教育参与技术技能积累和创新的形式。将技术技能积累的要素资源引进来,转化成自身服务行业企业

的能力,再"走出去"投入行业企业当中服务发展,具体方式如职业院校教师和学生拥有具有自主知识产权的技术、产品设计等成果,可依法依规在企业作价入股;高职院校结合自身行业优势注册公司法人,将教学、生产、管理、服务融为一体综合发挥效能;鼓励有技术有能力的高校教师到企业兼职,针对具体情况给予这类教师优惠政策,以灵活多样的形式促成学校与行业企业的互动,这也才能让技术人才的流动更通畅。

深化现代职业教育体系建设改革的重点工作

第七章　提升职业学校关键办学能力

金恩芳

面对新一轮科技革命的迅猛发展和产业升级的提效增速,职业教育对于经济社会发展的重要作用愈加凸显。党的二十大报告指出,统筹职业教育、高等教育、继续教育协同创新,推进职普融通、产教融合、科教融汇,优化职业教育类型定位。2022 年 12 月,中共中央办公厅、国务院办公厅印发《关于深化现代职业教育体系建设改革的意见》,提出"提升职业学校关键办学能力"。"关键办学能力"是首次提出的概念,具有理论和实践的创新意义。

一、推进教育教学新实践

(一)优先关注现代制造业、现代服务业、现代农业等专业领域

我国拥有全世界最完整的产业体系,也是全世界唯一拥有联合国

产业分类中所列全部工业门类的国家,其中制造业规模占全球比重约30%,连续13年位居世界首位。为保证产业体系自主可控和安全可靠,确保国民经济循环畅通,提升传统产业在全球产业分工中的地位和竞争力,中央经济工作会议在部署2023年工作时着重强调,要加快现代化产业体系建设。

职业教育是与国民经济体系紧密联系的教育类型,全国职业院校共开设近千个专业、近10万个专业点,基本覆盖国民经济各领域,具备了大规模培养高素质劳动者和技能型人才的能力。数据显示,每年有近千万的职业院校毕业生为国家的第一、第二、第三产业,尤其是第二、第三产业提供了8000万带技能的新生劳动力。

建设现代化职业教育体系需要紧密对接现代化产业体系。建设现代化产业体系的主要着力点在于加速构建现代农业、先进制造业与现代服务业深度融合的新格局,贯彻以"三根支柱"为核心的发展模式。党的二十大报告提出,构建优质高效的服务业新体系,推动现代服务业同先进制造业、现代农业深度融合。

现代制造业不再单纯地以生产为中心,而是通过科技进步、技术创新,来保持制造业带来的可持续的经济增长,比如不断吸收电子信息、计算机、机械、材料以及现代管理技术等方面的高新技术成果,并将这些先进制造技术综合应用于制造生产。现代服务业是以先进现代技术改造提升的传统服务业和为适应现代经济社会发展而新产生的服务业。现代农业广泛运用现代科学技术,建立在高度发达的植物学、动物学、化学、物理学等科学的基础上,将工业生产的大量物质和能源投入农业生产,以换取大量农产品。随着经济体量的不断增长与发展模式的快速变革,三次产业在国民经济中的比重也会随之发生嬗变,第一产业和第二产业的比重会逐步下降,第三产业即服务业的占比将渐次提高。特别是在以中国式现代化全面推进中华民族伟大复兴,着力实现高质量发展的大背景下,现代服务业成为主导产业,并与先进制造业和现代农业深度融合,是现代化产业体系的重要特征。

(二)组织知名专家、业界精英和优秀教师

教师队伍是发展职业教育的第一资源,是支撑新时代国家职业教育改革的关键力量。建设高素质"双师型"教师队伍是加快推进职业教育现代化的基础性工作,是我国职业教育高质量发展的战略支点。组织知名专家、业界精英和优秀教师参加教学实践改革是深化现代职业教育体系建设改革的有力支撑。

实践是职业教育区别于其他类型教育的显著特征。中国职业教育遵循技术技能人才的培养规律,坚持产业、行业、企业、职业、专业"五业联动"创新教学模式,以知名专家、业界精英和优秀教师构筑起连接"五业联动"的教学队伍体系,增强教育教学团队实力,培养造就支撑发展的高素质劳动大军。职业教育既要注重职业发展路线,开展产业、行业、企业和职业发展的实践活动,同时又要完成教育所应承担的"教书育人"职责,以德智体美劳全面教育塑造学生、培育学生,在行业实践基础上同时具备行业创新能力,在实践中推动行业创新发展与新型技术推广应用,助力行业转型升级。

教育部面向全国职业院校教师教学创新团队提出了全新的建设方案和要求,例如职业技术院校"双师型"教师占比不低于50%、教师企业实践时长每年不少于1个月、将职业技能等级标准纳入专业课程教学内容。职业教育发展要加强师资力量建设,提高教师待遇,专业课教师的待遇也可对标具有一线企业工作经验的岗位薪资标准,要努力吸引优秀的行业人才进校任教,教出真正能满足企业用人需求的学生。

(三)打造核心课程、优质教材、教师团队、实践项目

在人才培养的诸多要素中,标准而优质的教学资源是基础,打造一批具备时代性和创新性的核心课程、优质教材、教师团队、实践项目,

可以为教育教学提供有力的工具与抓手。

职业教育在专业设置、课程体系、教材教具、培养目标以及教职工团队建设等方面,要紧跟时代发展,站在时代前沿,密切联系区域经济发展和产业建设,加快教学、教材、教师"三教"改革,打造一批紧跟时代的、具有实践意义的核心课程、优质教材、教师团队与实践项目。要让教学跟上时代,避免出现学生为应付考试而学习过时的知识,考试内容跟不上专业发展,考完试还得重新学习新的专业知识,所学所考不能为其所用的现象,否则会造成极大的时间精力与资源浪费。

要加速教材更新,改变教材、考试大纲及学生评价体系滞后的现象。考试内容是教学内容的指挥棒,如果考试内容不能与时俱进,职业院校开设的教学课程、教材势必也会落后,造成所学知识过时,与企业用人需求脱节,从而加深社会对职业教育的歧视。学院在教学中要融入企业培训认证体系,与企业共建专业、共建课程、共训师资、共建平台、共育人才,推动企业专家、学校教师以及学生在学校与企业之间的双向流动,锻造教师团队的专业化能力,打造名匠大师领衔的高水平"双师型"师资队伍,为学生搭建高质量的实践平台,设置高质量实践项目,从而实现在校所学知识、技能与企业岗位需求无缝对接,也进一步完善学校与企业对于学生评价体系的建设。

职业学校关键办学能力是否提升,重要的是看其能否紧密对接产业升级和技术变革的趋势。职业教育要紧密围绕先进制造业、现代服务业优化专业布局,结合职业院校所在地域的产业优势与产业规划,建立特色产业学院,打造核心课程、优质教材、教师团队、实践项目,为职业教育内涵式发展做出探索与实践。要立足本地化产业优势,优化专业布局,以高端产业与产业高端为抓手,联合头部企业共同开发新行业、新职业、新专业、新课程,形成产业技术变革与教学改革同频共振的良性机制。地方政府,尤其是教育管理部门要指导制订本区域职业院校专业布局结构优化调整方案,全面制(修)订相应专业的人才培养方案,优化培养目标、更新课程体系、落实实习实训,更好地服务产业发展与经济建设。

(四)引入新方法、新技术、新工艺、新标准

在我国经济转型升级过程中,新材料、新技术、新业态等对原有产业结构带来巨大冲击,数字经济、智能制造等领域的飞速发展,对"术业有专攻"提出了更高要求,对现代职业教育提出了更高要求,要在教学工作中引入新方法、新技术、新工艺、新标准,牢固树立专业技术人才的"能力本位化"培养观念,多渠道探寻育才最优解。

"凡事预则立,不预则废。"在产教融合视域下,职业院校要与产业站在同一起跑线上,沿产业高端化路线前进,把握产业结构高端、技术高端、产品高端、服务高端等战略竞争优势,紧密依托产业演进的趋势提升自身技术整合能力和技术创新能力。一方面,紧跟科技创新步伐,在充分利用新技术、新材料、物联网、人工智能等先进技术的基础上,将科技创新的成果、工艺、流程融入职业教育教学各个环节。另一方面,职业教育要推动科技创新。以往人们很少把科学创新的使命赋予职业教育,实际上,职业院校与产业、行业、企业的联系更为紧密,其科研理应具有更强的应用性,通过科研创新加速产业升级进程、反哺产业发展。职业院校应该主动融入产业创新体系,尝试建立科研成果孵化园,并打造各类科技公共服务平台,为企业提供科技政策咨询服务、知识产权服务、技术咨询与改造服务等,更要精准地针对经济社会发展的难点、重点和"卡脖子"难题发力,主动融入创新链,在服务国家创新驱动发展战略中提供有力支撑。

站在民族复兴和百年变局的制高点,科技飞速发展、信息技术快速迭代、互联网全面普及、新兴的商业模式不断出现、动态的市场竞争全面显现,创新驱动发展已经成为当前经济社会发展的主要特征。特

别是随着新一轮产业革命的深入推进,不断涌现出工业机器人、无人机、VR、无人驾驶汽车等新产品,电商、个性化定制、数字媒体、数字化设计等新模式,共享经济、AI新零售、云制造、互联网等新业态,不断影响着各行各业的发展。职业教育既要适应新技术、新业态的发展变化,更要融入其中,为其发展服务。

二、推动教育教学与评价方式变革

(一)做大做强国家职业教育智慧教育平台

数字化技术正在重构职业教育生态。为落实国家教育数字化战略,通过建设职业教育数字校园、信息化标杆学校、专业教学资源库、精品在线开放课程等相关项目,我国建成了资源共享的国家职业教育智慧教育平台,并于2022年正式上线。

国家职业教育智慧教育平台是国家教育公共服务综合集成平台,覆盖高等教育人才培养全过程。平台面向高校师生和社会学习者提供大量优质教学资源,提供全流程教学服务、个性化教师专业发展服务等支持服务,具有学生学习、教师教学、学校治理、教育创新等功能。2022年国家职业教育智慧教育平台接入国家级、省级专业教学资源库1173个。

教育部职业教育与成人教育司司长陈子季在谈及国家职业教育智慧教育平台建设和应用有关情况时说道,平台意义重大,带来了三方面的革新:一是革新传统治理模式;二是革新传统评价模式;三是革新传统学校模式。为推动数字技术与职业教育深度融合、提高数字化时代技术技能人才培养质量夯实了基础,能够有效促进教育公平和质量提升、缩小数字鸿沟、推动教育服务共同富裕。

(二)建设职业教育重点项目(专业教学资源库、精品在线开放课程、虚拟仿真实训基地等)

职业教育重点项目是增强职业教育适应性,深化产教融合、校企合作,构建适应产业发展需要的现代职业教育体系的重要抓手。各地各校要高度重视,认真落实项目建设计划,加强项目建设过程管理,充分发挥重点建设项目的示范带动作用,以推动职业教育高质量发展。

要推进教育数字化转型,持续开发优质数字教学资源,构建国家、省、校三级资源库互为补充、使用广泛的应用体系,继续面向量大面广的专业课,分级遴选一批在线开放课程,推动建设数字化、融媒体教材,促进更多优质数字资源有效供给与深度应用。要加快虚拟仿真实训基地建设,推动职业院校重点围绕现代产业空间布局和发展方向,建设产教融合实训基地,启动职业学校信息化标杆学校建设试点,不断夯实职业教育信息化工作基础,促进教育和产业融合互动、校企协同育人,遴选一批高水平专业化产教融合实训基地,服务高质量发展。

(三)扩大优质资源共享

教育部高度重视并积极推进信息技术与教育教学深度融合,推动优质教育教学资源共享,助力广大教师和学生投身新时代教与学变革实践,以"学习革命"推动高等教育人才培养的"质量革命"。

除建设国家职业教育智慧教育平台,推动教学资源共享外,还可在以下方向着力:一是健全管理制度,维护教学秩序,加强平台监督管理,规范高校在线开放课程教学管理,保障在线教学健康发展,保障线上教学与线下教学实质等效,助力在线教育行稳致远;二是发挥技术优势,推动教学改革,鼓励高校夯实教学新基建,打造多种形式的数字化教学场景,通过同步课堂、混合式课程等形式,推动优质资源惠及更多学生,提升高校教师的教学水平;三是提高课程质量,发挥示范作用,鼓励建设国家级、省级一流课程,将线上课程、线上线下混合式课程及虚拟仿真实验教学课程作为建设重点;四是创新教学模式,推动校际合作,完善在线课程学习学分互认与转化政策,健全教学质量保障联动机制。

(四)优化教育评价方式

从职业教育发展来看,学生"唯升学"、教授"唯论文"的情况导致职业教育被普通教育所裹挟,成为普通教育附庸和影子的现象较为普遍,究其根本,还是在于职业教育本身未建立起成熟的、符合职教特色且能够覆盖职教院校、教师和学生的评价方式。为推动职业教育"由参照普通教育办学模式向企业社会参与、专业特色鲜明的类型教育转变",应建立与"同等重要地位"相适应、相匹配的评价方式,摆脱职业教育发展对普通教育的路径依赖。

对于学生而言,最重要的是补全本科层次职业教育的缺失,打通技术技能人才成长和可持续发展的渠道,形成双向沟通的现代职业教育体系,使学生能够形成"就业＋升学"的两条腿走路新局面。其次是人才评价多元化体系建设,要积极探索建立区别于知识评价的另类人才评价方式,打破"学生评价单一化、人才选拔简单化"的局面,可以引入行业企业等第三方评价,引导学生多元成长。此外还需要建立起与学习成绩评价并行的职业技能资格证书评价机制,使评价变成看得见、摸得着、易操作的过程,为学生提供多元化的评价方式。

建设高素质"双师型"教师队伍是加快推进职业教育现代化的基础性工作。教师评价的焦点在于职称评审,建立起科学合理的职称评审体系,有助于调动教师的工作激情,让教师的收获与付出相适应。首先要坚持人岗相适,对职业院校教师分类引导分类评价,对文化课老师、专业课老师和实习指导老师不能简单套用同一套评价方案,根据教师自身工作的不同与侧重,针对性地适用不同评价机制,使不同老师的工作量和工作业绩得到体现与认可,建立重能力、重实绩、重贡献的激励机制。其次是注重教师行业实践经历、技术技能的学习与人才培养实绩,将校企合作和学生专业能力成果纳入教师评价体系中。此外在教师引入与准入机制上,可以对行业履历和行业成就等因素加大权重,"建立健全以职业资格评价、职业技能等级认定和专项职业能力考核等为主要内容的技能人才评价制度"。

在对职业院校的评价中,《深化新时代教育评价改革总体方案》等文件对于深化职业教育评价改革提出了新的要求。职业院校是职业教育服务地方经济建设和行业发展的主力军,职业教育办学的评价机制应当摆脱对普通教育评价的路径依赖,建立起体现类型特征的办学评价体系,进一步完善评价内容,重点评价德技并修、产教融合、校企合作、育训结合、职业资格或职业技能等级证书获取、毕业生就业质量、"双师型"教师队伍建设等内涵发展的核心要素,加大职业培训、服务区域和行业的评价权重,彰显职业教育的类型特色和功能价值。在评价机制上,完善政府、行业、企业、职业院校等多元主体参与的质量评价机制,推动形成政府、学校、行业企业、民间组织等主要利益相关者共同参与的多元评价运行机制,构建政府管理、学校办学和行业企业第三方评价的职业教育评价共同体。

三、建设全民终身学习的学习型和技能型社会

(一)聚焦新业态、新职业、新岗位

产业结构升级驱动就业结构变迁,职业教育为重要桥梁。我国不仅处于由第一产业向第二、第三产业升级的进程中,还处于高技术制造业、新兴服务业投入和贡献逐步提升的关键时期,新模式、新业态层出不穷,更需要相应的人才支撑。

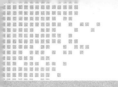

职业教育作为与经济社会联系最为紧密的教育类型,在国际国内复杂的环境下,必须与产业发展、市场需求、技术前沿相契合。因此,在"十四五"期间,职业教育应紧密对接新业态、新职业,为经济发展方式转变、经济结构优化、经济增长动力提升等提供人力资源支撑与专业支持。教育部于2022年9月发布的新版《职业教育专业简介》特别注重适应性与前瞻性,紧密对接"十四五"规划和2035年远景目标,尤其是一些新增专业紧跟人工智能、5G、区块链等新一代信息技术发展趋势,服务国家发展战略需求,助力破解"卡脖子"关键技术,推进职业教育转型升级。

(二)广泛开展技术技能培训

职业培训面临新挑战。一是技能人才培养不适应产业转型升级和技术进步的要求;二是"就业难"和"招工难"两难的结构性就业矛盾突出,重点就业群体的就业创业能力与用人单位需求存在差距;三是培训基础能力薄弱,培训供给能力不足,培训的针对性、实效性还需要进一步提高。

教育主管部门应加大政策倾斜与支持,不断改善办学条件,每年可以安排一定的资金作为职业教育发展基金,购买相应的实习实训设施设备或者根据社会发展趋势更新实训设备,将学生培养成不断发展的实用型技术人才。应强化职业院校教师队伍整体素质,不断引进高学历高技能人才进行充实。

(三)开展全民终身学习

终身学习理念是指让学习贯穿于人的一生,在更好适应经济社会全面发展的基础上不断学习。当前,我国已经构建了开放、包容、融合的大教育观,建立了适应多样化发展需要,纵向贯通、横向融通,服务全民终身学习的现代职业教育体系,为不同性格禀赋、不同兴趣特长、不同素质潜力、不同学习阶段的学生提供多样化选择、多路径成才机会，让更多学生就业有本领、升学有渠道、发展有通道。

每年有 30 万左右的退役军人、下岗待就业人员、农民工和新型职业农民等社会生源接受高等职业教育。职业教育要构建体现终身教育理念的现代职教体系，完善继续教育的服务资源和服务机制，主动参与企业职工和新型职业农民培训，面向社区开放服务设施和数字化教育资源，积极建设"人人皆学、处处能学、时时可学"的学习型社会。

（四）推动技能型社会建设

技能型社会与发展现代职业教育、构建现代职业教育体系以及发展职业本科等命题密切相关。习近平总书记在中央扶贫开发工作会议上的发言中讲道："一个贫困家庭的孩子如果能接受职业教育，掌握一技之长，能就业，这一户脱贫就有希望了。"职业教育是培养高素质技能型人才的基础性工程，肩负着培养多样化人才、传承技术技能、促进就业创业的重要职责，必须高度重视、加快发展。同时，技能型社会建设提高了技能人才待遇水平，加快了从"好就业"向"就好业"的转变，可以让广大青年更加主动地选择接受职业教育。

构建技能型社会能够有效帮助解决我国人才结构性缺陷问题，面对当前世界发展中遇到的逆全球化、技术变革、数字化、人工智能和大数据以及人口老龄化等快速重组社会和工作世界的趋势，可以适应市场对技能需求的转变。

第八章　加强"双师型"教师队伍建设

林　娟

　　教师是高职教育发展的核心要素。随着高职教育规模的快速发展和内涵建设的不断深化,高职教育对教师不仅存在量的需求,也存在质的需求。如何在量的需求得到满足的同时实现质的提升,是当前高职院校师资队伍建设面临的关键问题。对新教师进行专业化校本培养是解决这一问题的有效途径。本章在对"双师型"教师进行教师专业化理论解读的基础上,对当前高职院校新教师专业化现状进行研究,并尝试设计新教师专业化的校本路径。

一、高职"双师型"教师内涵的再解读

　　教师专业化是指"个人成为教学专业的成员并且在教学中具有越来越成熟的作用这样一个转变过程"。教师专业化的核心内容是教师专业能力的发展,即学科专业化和教育专业化。高职教师是由各级各类教育的教师所组成的师资队伍的一部分,因此,高职教师的专业化探讨不能脱离对教师专业的普遍性认知。但是在高等职业技术教育领域,高职教育作为一种教育类型所具有的职业性(促进个体职业成长和职业发展)、实践性(注重个体实践能力的培养)和社会性(校企合作、开放办学),作为层级教育所具有的高等性又赋予其专业化的独特气质和内涵。从当前高职教师专业化的研究和实践来看,"双师型"已成为高职教师专业化的目标和内容。从教师专业化理论角度来解读,"双师型"集中体现了高职教师作为一种社会专业应该具备的专业能力——职业教育专业化和职业科学专业化。

（一）高职教师的职业教育专业化

职业教育专业化是高职教师专业化的基础内容,也是高职教师之所以为教师,而不是企业人员或其他行业人员的基本特质。职业教育是职业教师通过职业教育特有的教育教学方式,传授职业科学内容,为生产、服务和管理一线培养高素质技能人才的一系列教育活动。职业教育专业化就是帮助职业教师具备职业教育理念(对职业教育规律和特点的认知和理解)、职业教育能力(职业教育理论知识能力和职业教育实践能力)和职业教育研究能力(职业教育改革创新能力)。

（二）高职教师的职业科学专业化

职业科学专业化是高职教师专业化的重点内容,也是高职教师之所以为高职教师,而不是本科教师或其他类型教育教师的主要特质。职业科学是相对于工程科学而言的,包括对相对职业领域里实际职业劳动所需要的具体知识和方法知识的研究,以及从职业教育的领域对相应职业领域或相应职业方向实用的、科学的具体知识和方法知识的研究,是实际的职业劳动实施过程与实用的科学知识获取过程的综合,是理论与实践的结合。职业科学专业化就是帮助职业教师具备职业科学理念(对职业规律和特点的认知和理解)、职业科学能力(职业理论知识能力和职业实践能力)和职业技术研发能力(职业技术改革创新能力)。

高职教师的职业教育专业化和职业科学专业化不是相互独立的,从高职教育教学行为来看,它们是手段与内容的关系,职业教育是手段,职业科学是内容。脱离了职业教育,职业科学无法转换成高职教育概念中的教学目标和教学内容;而脱离了职业科学,职业教育就不具备内容和类型识别度,如同巧妇难为无米之炊。从高职教育培养目标来看,职业教育和职业科学相辅相成、有机融合,共同为培养生产、服务

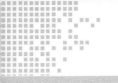

和管理一线的高素质技能型人才这一目标服务。

二、高职新教师专业化现状研究

高职新教师专业化的提出源于这类教师先天专业化的不完全。随着高职教育规模的发展,高职师资缺口也日益增大。为解决师资短缺的问题,高职院校积极引进师资。师资的引进主要有两大来源,一是高校和研究所应届毕业生,即院校型新教师,是目前高职师资的主要来源;二是来自企事业单位一线的技术人员或技术专家,即企业型新教师,这部分越来越受到高职院校的重视,是比较理想的高职师资来源,但是数量相对较少。

(一)院校型新教师专业化现状

院校型新教师大部分具有本科及以上学历,很好地掌握了与高职教学相关的学科技术理念、学科技术理论知识,且思想活跃、想象力丰富,具备一定的技术研究创新能力,是高职院校发展的新生力量和潜在骨干力量。但是从高职教师专业化的角度来看,院校型新教师身上主要存在着以下两大缺失。

1.职业教育专业化的缺失

由于国内很少有专门培养高职教师的院校,高职新教师主要毕业于非师范类专业或普通师范类专业,存在着职业教育专业化缺失的问题。毕业于非师范类专业的教师,没有接受过系统的职业教育理论教育,也没有相关的职业教育实践经验。毕业于普通师范类专业的新教师,学习过系统的教育理论,并有一定的普通教育实践经验,但是高职教育有其特殊的一面,其人才培养目标是面向生产、管理和服务一线培养高素质技能型人才,必然要求课程和教学具有一定的独特性,师范类新教师正是缺乏对高职教育特殊性规律的认知和实践。

2.职业科学专业化的部分缺失

毕业生型新教师的职业生涯经历是从学校到学校,没有机会到生产、服务和管理一线工作,他们拥有扎实的学科技术理论知识,具有一定的技术创新能力,但是缺乏企业一线职业实践经历。其次,毕业生型新教师所学的更多的是学科体系知识,偏学术化,与职业科学知识体系有一定的差距。

(二)企业型新教师专业化现状

企业型新教师主要为来自行业企业一线的技术人员和技术专家,他们非常通晓行业企业标准,熟悉企业文化和环境,拥有职业领域的关系网,职业能力强,尤其是实践能力强,了解行业最前沿的技术研发和改革情况,但他们身上也存在职业教育专业化缺失和职业科学专业化部分缺失的问题。

1.职业教育专业化缺失

企业型新教师直接来自企业,同样没接受过系统的职业教育培养,缺乏职业教育理论知识,不具备相关的职业教育实践经验。

2.职业科学专业化的部分缺失

企业型新教师有院校型新教师无可比拟的职业实践经验和职业领域资源优势,但是作为高职领域的职业科学,它是对实际职业劳动实施过程与实用科学知识获取过程的综合研究。企业型新教师的职业科学专业化的部分缺失,主要体现在其职业知识能力和实践能力的宽度和深度还不能满足高职教育教学内容的要求,还需要进一步加大能力宽度,加深对职业科学的认识、理解,提高知识能力和实践能力。

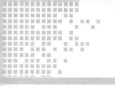

三、高职新教师专业化的校本路径研究

（一）高职新教师校本专业化的内涵

高职新教师专业化的不完全，决定了新教师在入职阶段，必须接受相关的专业化培训。关于教师专业化培训的承担者，研究者先后提出了教育主管部门、高等院校（研究所）、学校和教师个体。就教育主管部门和高等院校（研究所）而言，目前他们提供的师资培养服务更多的是针对已经度过入职阶段的骨干教师或优秀教师。同时，他们提供的培训服务往往是一次性的，不具备系统性和持续性。就教师个体而言，他们对教师专业的了解往往仅限于学业生涯期间的师生互动，不具备相应的专业发展意识和专业自主发展能力，因此，在入职阶段的新教师很难实现自主专业化。由此，切实可行的操作方法就是，在国家的政策和技术支持下，学校成为新教师专业化培训的主要承担者，为新教师提供为期 2—3 年的、持续的、系统的专业化培训服务，为新教师后续的专业化奠定基础。

（二）高职新教师专业化的校本路径设计

1. 高职新教师专业化的目标

高职新教师专业化目标的确定是以新教师在入职阶段所面临问题的迫切性为基础，并充分考虑到入职阶段专业化在高职教师职业生涯发展中的基础性作用，因此目标是具有一定的层次性的。无论是院校型新教师，还是企业型新教师，他们在入职阶段所面临的最大问题是如何将自身所拥有的理论知识和实践经验转化成具有高职教育意义的课堂教学内容，初步达成高职教育教学目标。而解决这一问题首先要促进新教师的职业教育专业化,帮助新教师熟悉和掌握高职教育规律和特点、高职课程和教材的理念和特点、高职课堂教学理念和方法、高职学生的身心规律、高职课堂管理和高职课堂评价等一系列影响最后教学行为和教学效果的职业教育理念、知识能力和实践能力的因素。其次是解决新教师,尤其是院校型新教师职业科学专业化缺失或部分缺失的问题,培养他们的职业实践能力,使他们具备一定的、满足日常教学需求的职业实践经验,同时认识和理解职业科学的知识逻辑体系;对企业型新教师进行职业科学专业化的发展性培养。最后是职业教育和职业科学中改革创新能力的培养,培养新教师从事高职教育教学改革(如课程和教学改革)能力和职业技术研发能力,形成新教师后续可持续的专业化发展动力。

2. 高职新教师专业化校本路径设计原则

(1)差异原则。

差异原则就是要求专业化活动的设计具有针对性。由于新教师主要有院校型新教师和企业型新教师,他们的专业化问题和需求不同。此外,由于高职专业设置多且杂,导致高职新教师专业化牵涉的专业也多且杂,因此,他们的专业化需求有共性也有特性,这必然要求校本专业化活动的设计以差异性为原则,并且具有针对性。

(2)综合原则。

综合原则就是要求专业化校本路径设计要立足学院,整合学院、政府主管部门、高等院校(研究所)和企业等内外现有资源,实现政、企、研、校等多途径培养。政府主管部门在政策和教育资源整合管理方面、高等院校(研究所)在职业教育学理论和研究方面及专业技术理论和研究方面、企业在职业实践和职业技术研究方面有着高职院校无可比拟的优势,所以高职院校在基于学院内部资源的基础上,应充分利用这三类主体,为新教师的专业化提供平台和资源。

（3）规范原则。

规范原则就是要求学院充分认可新教师专业化这一师资培养活动，并作为学院的制度得以确定。通过把新教师专业化上升到制度层面，教师专业化成为学院师资培养的常规性工作，不因学院领导关注点转移而转移。同时对新教师专业化的重要性、内容、活动、质量评价等作出明确的规定，规范新教师专业化工作，鼓励新教师积极参与专业化活动，最终为新教师专业化营造规范的、稳定的、良性的环境。

3. 高职新教师专业化活动设计

专业化活动是高职新教师专业化得以实现的载体，根据新教师专业化的目标，遵照新教师专业化设计原则，学校设计出一系列旨在促进新教师专业发展的活动。专业化活动大体可分为如下几种。

（1）职业科学专业化活动。

即直接参加与专业相关的行业企业实践训练，通过实训基地实践、企业考察、下企业实践等多种方式，加深对职业的认知和理解，获得职业知识和实践经验。同时，通过参与企业服务、技术研发活动等，提高职业技术研发和创新能力。值得注意的是，无论是企业考察和实践，还是实训基地实践，其目的都是为了帮助教师了解和掌握与专业教学相关的典型职业工作任务，在职业工作过程中获得经验与知识，更好地服务教学活动，因此，实践活动应当要有明确的目标，要求新教师结合高职教育教学问题和目标进入实践场所。

（2）职业教育专业化活动。

即通过高职教育课程与教学课程进修班、高职教育教学研讨会和观摩会、高职教育文化学习、高职教育教学改革项目等活动，新教师可以学习高职教育理论，提高对高职教育规律和特征的认识，提高职业教育教学能力，并具备一定的高职教育改革创新能力如课程、教材、教学方法改革设计能力。

（3）师徒制。

师徒制是一种比较综合的新教师专业化活动制度，通过有经验的、优秀的老教师与新教师结对成师徒，以老带新，帮助新教师进行专业发展。师徒制培养相对于其他专业化活动来说，更具常态性、针对性，它的最大优点就是在高职日常教育教学实践中，导师可以对新教师在职业教育专业化和职业科学专业化中遇到的具体问题开展针对性的指导。

（4）专业教学论学习班。

专业教学论是建立在通用职业教育学理论基础上，针对某一特定专业的、汇集职业科学和职业教育教学的研究和系统化。通过专业教学论进修班的学习，新教师可以同步实现自己所在专业的职业科学专业化和职业教育专业化（见图1）。

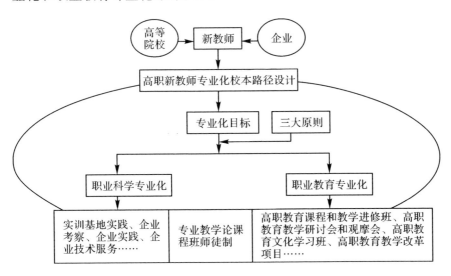

图1 新教师双师专业化校本培养路径

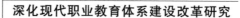

四、结束语

总之,高职新教师专业化阶段是在高职教师职业生涯发展中起着承前启后作用的重要阶段,高职院校应高度重视新教师专业化,针对不同来源的新教师的专业化现状,提供针对性的、持续的、系统的校本培训,为教师后续专业化发展奠定良好的基础,促进高质量双师队伍的建设。

第九章　拓宽学生成长成才通道

王　琴

《关于深化现代职业教育体系建设改革的意见》中重点工作部分提到,拓宽学生成长成才通道,以中等职业学校为基础、高职专科为主体、职业本科为牵引,建设一批符合经济社会发展和技术技能人才培养需要的高水平职业学校和专业;探索发展综合高中,支持技工学校教育改革发展。支持优质中等职业学校与高等职业学校联合开展五年一贯制办学,开展中等职业教育与职业本科教育衔接培养。完善职教高考制度,健全"文化素质＋职业技能"考试招生办法,扩大应用型本科学校在职教高考中的招生规模,招生计划由各地在国家核定的年度招生规模中统筹安排。完善本科学校招收具有工作经历的职业学校毕业生的办法。根据职业学校学生特点,完善专升本考试办法和培养方式,支持高水平本科学校参与职业教育改革,推进职普融通、协调发展。

《关于深化现代职业教育体系建设改革的意见》的出台破除了"矮化""窄化"职业教育的传统认知,直击改革实践中的难点、痛点问题。职业教育功能定位由"谋业"转向"人本",更加注重服务人的全面发展。建立健全多形式衔接、多通道成长、可持续发展的梯度职业教育和培训体系,推动职普协调发展、相互融通,让不同禀赋和需要的学生能够多次选择、多样化成才,将对消解职普分流带来的教育焦虑有重大作用。拓展学生成长成才通道,建立符合职业教育办学规律和技能人才成长规律的考试招生制度,支持各省因地制宜制定职教高考方案,扩大应用型本科学校在职教高考中的招生规模;制定职业教育贯通培养指导意见,支持各省开展中职与高职(3＋2)五年贯通、中职与职业本科或应用型本科(3＋4)七年贯通、高职专科与职业本科或应用型本科(3＋2)五年贯通培养。职业教育不是"终结教育",也不是"低层次教育",而是特色鲜明的一种教育类型,接受职业教育的学生,既可以升学,也可以就业,还可以先就业再升学,最大程度拓宽学生多样化、多途径成长成才的通道。

一、进一步深化中高本一体化改革进程

我国经济社会发展的转型对技术技能人才提出了更高的要求。2022年,新修订的《中华人民共和国职业教育法》第十四条指出"国家建立健全适应经济社会发展需要,产教深度融合……不同层次职业教育有效贯通,服务全民终身学习的现代职业教育体系"。中职、高职、职业本科有效贯通,培养更高层次的复合型技术技能人才是应对新时代人才供需矛盾的有力举措。推进"中高本"一体化技术技能人才培养,要努力推进人才培养目标、专业设置、课程设置、教材选用、实训基地、人才培养方案、考核评价等有机衔接,进一步明确培养方式,设置招生计划,搭建人才培养"立交桥",构建"中高本"一体化人才培养模式。①

设计完善一体化人才培养体系。要一体化设计专业教学标准和人才培养指导性方案,中职、高职、职业本科的人才培养方案各自独立存在,而不是按一个方案的不同阶段来设计。同时,鉴于职业教育与区域经济社会发展间的紧密联系,需要考虑在省域范围内推动中高职一体化改革,形成全省统一的一体化长学制专业教学标准和人才培养方案,以彻底解决原先一体化培养由学校个别对接、零散改进、凭经验推

---

① 陈建生."中高本"一体化技术技能人才培养探索[J].教育与职业,2022(15):75-78.

进的问题。可以实行"2＋3＋2"学制,即"2年中职＋3年高职＋2年职业本科"贯通培养模式。中职学制2年,能体现中职的基础性,同时避免与高职课程内容的重复;高职学制3年,因为高职是中职与职业本科衔接的桥梁,延长学制便于课程上的衔接。这种模式下,学生在不同的学习阶段,成绩合格就可取得相应的学历证书,并通过直升或选拔考试进入高一层次的学校。这种模式的优势在于拓宽的升学路径给了学生更多的选择,满足了学生专业能力提升和职业能力培养的需要,为学生可持续发展奠定坚实基础。建立不同层次学历与技能等级的对应机制,中职对应中级工、高职对应高级工、职业本科对应技师和高级技师,以保证技能培养的层次性和一贯性。建立"职教高考"制度,依托"职教高考"制度,把中职教育、高职教育和职业本科教育在内容上、培养上衔接起来。深化"文化素质＋职业技能"考试招生制度的改革,扩大高职学校、职业本科学校通过"职教高考"招录学生的比例,使"职教高考"成为高职学校招生,特别是职业本科学校招生的主渠道,使职业学校的学生在升学方面与普通学校的学生享有平等的机会。

加快完善课程设置和专业设置一体化。2021年,教育部印发《职业教育专业目录(2021年)》,统一采用专业大类、专业类、专业三级分类,一体化设计中等职业教育、高等职业教育专科、职业教育本科不同层次专业,使得技术技能人才培养逻辑更加清晰。要实现技术技能人才培养一体化,就应充分利用信息化手段,基于"公共基础课""通识课""专业基础课""专业核心课"打造基础教育平台、成长教育平台、专业支撑平台、专业提升平台,建立包括基础知识教育、德育教育、专业教育、能力教育四个维度的"中高本"一体化课程体系。衔接岗、课、赛、证一体化,以"岗课赛证融合"育人机制为着眼点,把岗位需求、竞赛要求作为牵引力量,把技能考核作为量化考核指标,设置不同学习阶段的学历证书课程、技能证书课程(1＋X)、企业定向课程(二元制)、竞赛培训课程,实现岗、课、赛、证一体化。

加快实训基地建设一体化。目前,中职、高职、职业本科在实训基地建设方面存在两个问题:一是不能实现有效共享,二是重复建设。为此,实行"中高本"一体化技术技能人才培养应建立与分层培养相适应的实训基地建设与运行机制。国家统筹规划,分层建设。有关部门应根据国家职业标准,会同教育专家、企业专家、行业专家制定中职、高职、职业本科各专业实训基地建设标准。各层次学校按照人才培养目标和实训基地建设标准建设相应的实训基地,避免重复建设,提高实训基地建设的针对性。政府主导,建设公共实训基地。根据区域产业发展对人才的需求,政府依托一所职业院校或者独立建设公共实训基地。公共实训基地应包括中职、高职、职业本科所需的实训设备和配套设施,实行独立法人管理,实现资源共享,并面向社会开展实训和技能鉴定等服务工作。

2022 年 9 月,针对中职学校发展定位不清、中高职衔接不畅、职教本科缺位等难题,广东省深圳市将 18 所职业院校整合成 2 个职教集团,构建贯穿中职、高职、本科的链式布局,推进中职、高职、本科层次职业教育一体化协同发展。职教集团将以高职院校为引领,带动中职学校整体提升,形成职业教育高质量发展合力。深圳市教育局印发《深圳市中—高职教育集团建设方案》,深圳职业技术学院和深圳信息职业技术学院将分别牵头组建深圳西部职业教育集团和深圳东部职业教育集团。深圳市教育局按照"专业设置相近、办学特色相似、区域位置相邻"原则,选定市属、区属中职学校与合作企业作为集团成员单位。其中,西部职教集团有 9 个中职学校成员单位,东部职教集团有 7 个中职学校成员单位。

为推动牵头高职院校充分利用自身优势资源,加强中高职协同发展,深圳市教育局赋予牵头高职院校"十个统筹"的职责,包括统筹办学规划、专业设置、课程衔接、人才培养、师资培训、产教融合、人事管理、年度考核等。这"十个统筹"的任务,详细划定了牵头高职院校职责范围。牵头高职院校将审定职教集团内中职学校办学远景规划及年度工作计划,对重大事项提出意见建议。牵头高职院校将向深圳市教育局提出中心成员中职学校人事任免事项建议,根据考核情况就成员中职学校人事任免向区教育行政部门提出意见建议等。为强化职教集团实体化建设,切实提高运行效率,深圳市教育局指定一所市属中职学校作为职教集团中心成员学校。其中,深圳市第二职业技术学校为西部职教集团中心成员学校,深圳市第一职业技术学校为东部职教集团中心成员学校。中心成员学校的设置及办学定位、办学性质保持不变,保留独立法人单位资格和编制管理形式,办学规模只增不减,接受牵头高职院校对学校日常事务的全面管理与指导。

《深圳市中—高职教育集团建设方案》设置了 12 项具体工作任务,包括开展质量评估考核、实施一体化人才培养、加强中高职专业对接、健全课程一体化衔接、推进集团产教融合协同发展、深化技术技能服务、建设"双师型"师资队伍、推动粤港澳大湾区职业教育融合发展等。职教集团将探索开展"3＋1＋2"中高职一体化、"3＋1＋3"中高本一体化人才培养,这是 12 项具体工作任务中"实施一体化人才培养"的重要内容。在建设"双师型"师资队伍方面,深圳将开展技术师范教育,依托深圳职业技术学院成立技术师范学院,开展本科及以上层次技术师范教育,培养、培训高素质职业教育师资。通过探索"3＋1＋2"中高职一体化、"3＋1＋3"中高本一体化人才培养模式,加强学校专业纵向贯通建设能力,强化职业教育类型适应性,开辟中高本贯通培养改革"试验田"。这种职教集团发展模式,也有助于高职院校选拔更多的优秀中职毕业生,真正实现"中职打基础,高职出成绩"的现代化办学模式。①

---

① 蔡金花,黎鉴远,刘盾.深圳探路职教中高本一体化建设[N].中国教育报,2022-09-08(3).

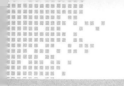

二、进一步健全职普融通人才培养模式

　　加快建设高质量教育体系,必须深化现代职业教育体系建设改革;加快建设教育强国、科技强国、人才强国,离不开现代职业教育的高质量发展。《关于深化现代职业教育体系建设改革的意见》提出,以提升职业学校关键能力为基础,以深化产教融合为重点,以推动职普融通为关键,以科教融汇为新方向,充分调动各方积极性,统筹职业教育、高等教育、继续教育协同创新,有序有效推进现代职业教育体系建设改革,切实提高职业教育的质量、适应性和吸引力。按照该意见的精神,未来职业教育改革的路径,关键能力是基础,产教融合是重点,职普融通是关键,科教融汇是方向。其中,职普融通为关键,这一提法尤其应得到重视。推动职普融通为关键,根本指向为拓宽学生成长成才通道。该意见的出台,就是为持续推进现代职业教育体系建设改革,优化职业教育类型定位,为加快建设教育强国、科技强国、人才强国奠定坚实基础。

　　职普融通是指职业教育与普通教育相互融通,最终实现两类教育在资源、教育模式方面的交流合作与共享共赢。早在 2017 年,教育部等四部门就联合印发了《高中阶段教育普及攻坚计划(2017—2020年)》,明确提出建立普通高中和中等职业学校合作机制,探索"课程互选、学分互认、资源互通",首次从机制层面明确:鼓励普通高中与中职学校合作接轨,共同探索全素养人才的培养。作为一种全新的人才培养模式,职普融通政策设计的初衷,就是要打通职业教育与普通教育之间的壁垒,形成资源共享,构建人才成长的多元途径。按照职普融通的规划要求,中职、高中学校双方共同设计课程、互派师资,实行学分互认、学籍互转。《关于深化现代职业教育体系建设改革的意见》明确"以推动职普融通为关键",是基于推动现代职业教育体系建设改革和提高职业教育质量。职普融通成为推动教育体系建设和提高职业教育质量的关键因素。

从长远来看,职普融通将有很大的发展机会和广阔的提升空间。职普融通遵循教育发展的规律。普通教育和职业教育虽然是两种不同类型的教育,是两个不同的教育体系,但两者并不是完全隔绝、对立的,在现代教育管理思维下,这两个体系应该是互相开放、相互贯通的。职普融通符合人才成长的规律。教育本身是没有界限的,无论普通教育还是职业教育,都是对人成长、成才的塑造。对人的可持续发展而言,职普融通是贯穿整个教育过程的,体现的是终身教育的理念。职普融通,目的就是要扭转应试教育倾向,深化教育教学改革,推进综合素质教育,适应人才多样化发展要求,增强学生的学习能力、实践能力和创新能力,提高人才培养质量,适应现代化对人的全面发展的要求。①

坚持相互融通理念,构建教育体系立交桥。在教育的各个阶段全面推进职普融合"一体化"进程,是打破职普"二元"分离的长远举措。一方面,从幼儿园教育到小学教育,从初中义务教育到普通高中教育,从普通专科教育到普通本科和研究生教育,都应增加职业技术教育的含量,如新《职业教育法》所示,"进行职业启蒙、职业认知、职业体验,开展职业规划指导、劳动教育"。另一方面,职业教育也应包含普通教育课程,特别是文化基础课、基础素养课程,满足学生就业和升学并举的学习需要,促进学生学术与职业技能的共同进步。同时,职业教育和普通教育资源应进行整合,新《职业教育法》已明确"高等职业学校教育由专科、本科及以上教育层次的高等职业学校和普通高等学校实施",实现资源共建共治共享,促进专业设置、教育目标、课程设置和教学内容的相融相通,达到协同发展、共育人才的目的。

---

① 葛昌明. 职普融通为学生搭建成人成才的重要通道[EB/OL]. (2022-12-27) [2023-02-08]. https://m.jixiao100.com/99574.html.

促进职普的学习成果融通、互认,为各类人才培养"立交桥"发展提供保障。终身教育体系内部纵向和横向相互沟通、融通和衔接的条件逐渐成熟,国家应及时"建立健全各级各类学校教育与职业培训学分、资历以及其他学习成果的认证、积累和转换机制",制定职前和职后、职业教育和普通教育、学历教育和非学历教育相互沟通、融通和衔接的标准、程序和要求。同时,各级各类学校应在学籍互认、课程互认、证书互认等方面加快试点、改革和普及步伐,建构"立交桥"发展通道,为更多学生在职业教育体系和普通教育体系之间的自由转换提供条件,打破职普体系沟通不足的困境。特别是在当前就业难、就业质量不高的情况下,职普之间应建立沟通的渠道,给学生再次选择的机会,给学生兴趣和追求迁移的机会。在当前终身学习体系向更加多元包容、开放灵活、沟通衔接的方向深入发展之际,建立健全学分转换互认、推行弹性学制、创建符合终身学习需要的成果评价办法等衔接制度,能够促进学生全面、自由、充分地成长和发展。[①]

三、稳步发展职业本科建设进程

随着我国经济发展方式的转型和产业结构的调整,在数量以及质量上都对高层次技术技能人才提出了更高规格的需求。新颁布的《职业教育法》将职业教育与普通教育置于同等重要地位,打破了职业教育的"天花板",畅通职教学生的发展通道。中共中央办公厅、国务院办公厅印发的《关于推动现代职业教育高质量发展的意见》以提高质量为主题主线,提出定量与定性相结合的指标要求,对建设高质量职业教育体系作出总体安排;并提出,计划到 2025 年"职业本科教育招生规

---

① 李中亮,唐西.新《职业教育法》语境下的职普协调发展研究[J].高等职业教育探索,2022(5):11-18.

模不低于高等职业教育招生规模的 10％,职业教育吸引力和培养质量显著提高"。

2021 年 1 月,教育部发布的《本科层次职业学校设置标准(试行)》要求,本科层次职业学校要坚持面向市场、服务发展、促进就业的办学方向,坚定职业教育定位、属性和特色,办学目标是培养国家和区域经济社会发展需要的高层次技术技能人才。2021 年 4 月,习近平总书记对职业教育工作作出重要指示,强调"职业教育前途广阔、大有可为",要进一步优化职业教育类型定位,稳步发展职业本科教育,培养更多高素质技术技能人才、能工巧匠、大国工匠。2021 年 7 月,教育部印发的《关于"十四五"时期高等学校设置工作的意见》提出,增强高等职业教育适应性:"以优质高等职业学校为基础,稳步发展本科层次职业学校。"稳步发展的原则是坚持高标准、高起点,并严把质量关。同时,通过专业设置标准、学位授予以及评价机制等,引导本科层次职业学校坚持职业教育属性,办出职业教育特色。2021 年 8 月,《关于开展"十四五"时期高等学校设置规划编制工作的通知》强调,"拟设立的本科层次职业学校,须把控节奏、优中选优","原则上每省(区、市)不超过 2 所;独立学院转设事项不受数量限制"。至此,教育部"十二五""十三五"时期强调的不允许公办高等职业学校升格为本科院校的基本政策被彻底放弃。2021 年 10 月,中共中央办公厅、国务院办公厅印发《关于推动现代职业教育高质量发展的意见》,提出"稳步发展职业本科教育",并要求职业本科教育"三不变",即办学方向不变、培养模式不变、特色发展不变。同时强调,职业本科教育招生规模占高等职业教育招生规模的 10％ 以上,不断提高职业教育的吸引力和培养质量。

发展职业本科教育,是适应我国产业转型升级、完善现代职业教育体系、办好人民满意的高等职业教育、推进中国职业教育走向国际的现实需要。发展职业本科教育,其中"稳步"是关键。应进一步明确

"双高"学校升格和举办职业本科专业是发展本科层次职业教育的主渠道。这批学校办学基础良好、实力雄厚,类型特色鲜明,能够发挥引领示范作用。增强职业教育适应性是发展职业本科的着力点,主要体现在培养适应经济社会发展需要的高层次技能人才,促进技术积累创新,增强服务区域发展和产业转型升级能力。

与产业人才需求精准对接,紧盯产业设置专业。产业是经济社会的物质生产部门,是社会分工的产物,专业是根据社会分工需要而划分的学业门类。所以,学校的专业与产业对应,专业群与产业链对应,同时专业群还可以支撑甚至引领产业链的发展。因此,首先要明确专业定位,即找准该专业在产业链中所处的位置,了解相关专业群和产业链之间的对接关系。学校专业群与产业链成功对接,有助于专业人才培养与产业人才需求的精准对应。围绕产业发展科学布局专业,围绕新一代产业技术和学校办学特色及优势,开展需求调研,明确专业人才培养定位和规格。学校按照职业本科专业设置管理办法要求,深入行业、企业、同类院校全面开展专业调研,有针对性地对相关专业专科毕业生跟踪调研,确定专业的职业面向、培养规格等。

科学制订职业本科专业人才培养方案。职业本科的人才培养方案制订要体现差异与深度。与普通本科横向对比,主要看逻辑起点,深入研究与学术型本科、应用型本科在人才培养目标定位、就业面向、培养路径上的差异;与高职专科纵向对比,主要看专业升级,深入研究高职专科与职业本科纵向贯通的实现途径,各阶段人才培养目标定位、课程体系、教学内容等有效衔接。课程是专业的基础,是有计划的教学实践,是一切有助于学生身心健康发展的教育性因素和其获得的教育性经验的集合。而技术(链)是产业的基础,大体可分为两种不同情况,一种是由于产品之间存在上下游的连接关系,进而自然形成一种技术链条;另一种是来自对技术的获得和使用,并以技术为前提形成一种技术之间的连接关系,可以称为技术的承接关系。因此,学校在进行课程体系设计时,首先需要找出专业与产业对应的技术链条,与此同时要充分考虑到技术的进步与沿革,从而把技术链条转化为课程体系。反过来,学校在科技研发方面的进步也同样可以促使技术的进步,进而能够催生新的技术链条。

根据技术发展变化设置教学团队。建设高水平"双师双能型"师资队伍,结合办学要求与发展目标,充分掌握人力资源状况,通过培训、引进、联合共享等多种渠道,打造一支结构合理、技术先进、实践能力强并富有创新精神的专兼职师资队伍。当今社会,新产品、新技术、新工艺对高校教师技术发展能力的要求进一步提升,因此为培养产业需要的人才,不同类型的高校需要根据培养人才类型,区分教师对技术发展能力的要求。职业本科学校在建设教师队伍时,需要根据产业中的技术发展变化,更加贴近市场变化和技术发展的前沿,打破专业边界甚至是学校边界,充分利用校内外、专业内外的人力资源,创新性地建立"任务型"教师工作团队,适当调整与整合教学内容和建设内涵,以灵活的组织结构满足产业升级对高层次复合型技术技能人才的需求,切实解决制约技术结构升级和产业结构调整等"瓶颈"问题。[①]

丰富校企合作内涵,深入开展产教协同育人。职业本科应主动服务产业新业态、新模式,以市场需求为导向,完善"产教融合、校企合作"人才培养模式,在校企合作、专业群建设、课程体系、人才体系和发展体系等方面加强与产业链对接,将大数据、信息技术、人工智能等新技术融入人才培养标准,积极参与制定体现新技术、新工艺、新规范的本科职业技能等级标准,重点在举办混合所有制学院、产业学院,推进现代学徒制等方面深化校企融合,推进体制机制创新,建成一批有学校特色的产教融合品牌、示范性平台。开展国际教育合作,加快推进国外课程模式的本土化改造和应用,提升职教本科国际化办学水平,研究借

---

① 宗诚.职业本科教育发展路径探析[J].高等工程教育研究,2022(6):141-145.

鉴国内外职教本科的办学经验,增强国际竞争力。[①]

进一步提升人才培养质量。以"五个坚持"为原则进行人才培养方案研制。坚持技术技能人才的培养定位,构建"专业能力、工匠精神、创新创业能力"三融合人才培养方案,达成培养能解决工程实际中的复杂问题和进行复杂操作的人才的培养目标。坚持服务产业发展的需求导向,紧密跟踪产业持续快速发展、时刻关注产业结构优化升级,建立专业与产业的联动机制,动态修订人才培养方案,适时调整课程设置,确保专业培养目标、内容、质量契合当前行业企业岗位需求。坚持工学结合的人才培养模式,依托产业研究院等产教融合新平台,推动校企合编教材、开发综合实训项目等深度协同育人项目。坚持实践教学的职教特色,强化课程体系的实践性,突出理实一体化项目式教学的主体地位,注重职业素质的培养。坚持书证融通的培养导向,积极推进"学历证书+若干职业技能等级证书"的培养导向,将"1+X"证书的能力要求融入专业人才培养方案,优化课程设置和教学内容,提高人才培养的适应性和针对性。[②]

---

① 吴光明.新发展理念指引职教本科探新路[EB/OL].(2022-10-22)[2023-02-08].https://theory.gmw.cn/2022/10/22/content_36105439.htm.

② 杨燕,李镇.如何做好职业本科教育专业建设[N].中国教育报,2022-07-05(6).

第十章　建设开放型区域产教融合实践中心

陈正江

职业教育主要培养生产和服务一线的技术技能人才,是推进国家经济结构调整和产业转型升级的重要支撑力量。面向实践、强化能力是职业教育办学的基本特征。2022 年 12 月,中共中央办公厅、国务院办公厅印发《关于深化现代职业教育体系建设改革的意见》,提出"建设开放型区域产教融合实践中心",将其作为五项重点工作之一。

一、开放型区域产教融合实践中心建设的基本内涵

《关于深化现代职业教育体系建设改革的意见》提出,对标产业发展前沿,建设集实践教学、社会培训、真实生产和技术服务功能于一体的开放型区域产教融合实践中心。以政府主导、多渠道筹措资金的方式,新建一批公共实践中心;通过政府购买服务、金融支持等方式,推动企业特别是中小企业、园区提高生产实践资源整合能力,支持一批企业实践中心;鼓励学校、企业以"校中厂""厂中校"的方式共建一批实践中心,服务职业学校学生实习实训、企业员工培训、产品中试、工艺改进、技术研发等。政府投入的保持公益属性,建在企业的按规定享受教育用地、公用事业费等优惠。

(一)建设开放型区域产教融合实践中心是打造市域产教联合体和行业产教融合体的重要载体

针对人才培养供给侧与产业需求侧匹配度不高等问题,《关于深化现代职业教育体系建设改革的意见》提出,打造市域产教联合体和

行业产教融合共同体的制度设计,更加注重服务经济社会发展。

1. 打造市域产教联合体

市域中的产业和教育是一种网络结构,相对于其本身所具有的经济资本和人力资本而言,这种网络结构是一种可以共享的集体资源,也即是一种社会资本。社会网络分为强关系网络和弱关系网络,判别标准是行为主体之间的联系强度、相互关系的情感强度、互动行为的互惠度。强关系是指推动并强化相似领域的相互关系,弱关系是推动并建立新兴的跨领域间的创新联系。"无连接,不一体",相对于企业而言,学校组织一旦建立就很少迁移,被有些学者称为"锚"机构,企业与职业院校的嵌入性及区域创新网络是产业发展的核心,多样化的产业结构可以提供互补的技术知识,有利于创新活动的开展,通过建立技术创新中心等共性技术服务平台,促进产学研合作。

2. 打造行业产教融合共同体

行业是垂直的。在校企间在合作方面形成广泛的理解和共识的基础上,选定重点行业和重点领域,支持龙头企业和高水平高等学校、职业学校牵头,组建学校、科研机构、上下游企业等共同参与的跨区域产教融合共同体。事实上,综合体、联合体与共同体之间又形成了新的职业教育生态。通过发挥大产业、大项目、大平台、大企业的牵引和驱动作用,促进技术技能人才培养和人员流动,这既是增强合作的途径,也是技术学习和技能积累的途径。如教育部、工业和信息化部、国务院国资委公布的第二批全国职业教育教师企业实践基地,就是创建互利共赢的校企合作新模式,建立"产—学—研—用"深度合作机制,丰富合作内容,拓宽合作路径,推动校企合作内涵建设与纵深发展。

(二)开放型区域产教融合实践中心建设是一项系统工程

2022年,我国已认定了21个国家产教融合试点城市,各地培育了

4600多家产教融合型企业,一大批行业组织和行业协会积极参与产教融合工作,已经初步形成了城市为节点、行业为支点、企业为重点的产教融合推进机制。立足新发展格局,《关于深化现代职业教育体系建设改革的意见》提出推动形成同市场需求相适应、同产业结构相匹配的现代职业教育结构和区域布局;强调社会力量参与,鼓励支持地方和重点行业结合自身特点和优势,在职业教育体系建设改革上先行先试、率先突破、示范引领。启动开放型区域产教融合实践中心建设项目,通过政府搭台、多元参与、市场驱动,对地方政府、企业、学校实行差别化支持政策,分类建设一批集实践教学、社会培训、真实生产和技术服务功能于一体的公共实践中心、企业实践中心、学校实践中心。通过深化产教融合,进一步推动职业教育实训实践资源均衡发展,对标产业发展前沿,建设集实践教学、社会培训、真实生产和技术服务功能于一体的开放型区域产教融合实践中心,进一步完善保障体系、管理体系和运行机制,为企业培养急需人才和提供技术服务,为区域经济社会发展做出新的更大贡献。

二、开放型区域产教融合实践中心建设的主要路径

(一)开放型区域产教融合实践中心

《国家职业教育改革实施方案》和《职业教育提质培优行动计划(2020—2023年)》均提出,推动建设300个具有辐射引领作用的高水平专业化产教融合实训基地。2019年10月,国家发展改革委、教育部等六部门联合印发的《国家产教融合建设试点实施方案》提出,创新实训基地建设和运行模式,试点城市要按照统筹布局规划、校企共建共享原则建设一批具有辐射引领作用的高水平、专业化产教融合实训基地。《关于深化现代职业教育体系建设改革的意见》提出建设集实践教

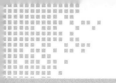

学、社会培训、真实生产和技术服务功能为一体的开放型区域产教融合实践中心——公共实践中心、企业实践中心、学校实践中心,服务职业学校学生实习实训,企业员工培训、产品中试、工艺改进、技术研发等。

党的二十大报告提出"健全终身职业技能培训制度,推动解决结构性就业矛盾"。实施学历教育与高质量培训并举是高职院校的法定职责,但在现实中,高职院校开展学历教育和培训"一条腿长,一条腿短"的现象普遍存在,面向社会开展培训还存在学校和教师的主动性不高、课程及资源不足、针对性和适用性不够、教师实践教学能力不强等问题,亟待通过开展高质量技术技能培训提升高职院校关键办学能力。2022年修订的《职业教育法》明确职业教育包括职业学校教育和职业培训,建立健全职业学校教育和职业培训并重的现代职业教育体系。面向全体社会成员开展大规模、高质量的就业与创业培训,既是高职院校的法定职责,也是提升其关键办学能力的重要路径,更为实现更高质量和更充分就业提供有力支持。

(二)公共实践中心

2022年9月,教育部等五部门印发《关于实施职业教育现场工程师专项培养计划的通知》,提出以中国特色学徒制为主要培养形式,在实践中探索形成现场工程师培养标准,建设一批现场工程师学院。专项培养计划分领域规划、分区域布局、分批次实施。到2025年,要有累计不少于500所职业院校、1000家企业参加项目实施,累计培养不少于20万名现场工程师。2023年3月,教育部在先进制造业领域开展第一批现场工程师专项培养计划项目申报,每个项目原则上由一所学校和一个企业联合申报,第一批拟立项150个合作培养项目。加速培养适应新技术、新业态、新模式的高素质技术技能人才、能工巧匠、大国工匠。职业教育,答案永远在现场。通过校企携手,共建技术创新中心,支撑高素质技术技能人才培养,服务行业企业技术改造、工艺改进、产品升级。

《关于深化现代职业教育体系建设改革的意见》提出,"面向行业企业员工开展岗前培训、岗位培训和继续教育,为行业提供稳定的人力资源"。这就需要高职院校在现有实训基地基础上,重点培育一批校企深度合作共建的高水平标准化培训基地,建设一大批培训资源库和典型培训项目,培养一大批能够同时承担学历教育和培训任务的教师。如苏州健雄职业技术学院扎根江苏太仓"德企之乡"土壤,学习借鉴德国"双元制"教育模式并持续推进本土化创新,在政府、行业(德国工商行会)大力支持下,与当地众多企业(特别是德资企业)联合共建跨企业培训中心,依托其构建了"三站互动、分段轮换"人才培养模式、企业学徒培训效益分析与实施框架等,取得了较好的育人成效和经济效益。

(三)企业实践中心

《国家职业教育改革实施方案》提出,"积极吸引企业和社会力量参与,指导各地各校借鉴德国、日本、瑞士等国家经验,探索创新实训基地运营模式。提高实训基地规划、管理水平,为社会公众、职业院校在校生取得职业技能等级证书和企业提升人力资源水平提供有力支撑"。企业实践中心整合生产实践资源服务学生实训实习,要实现这一目标,就必须挖掘开发企业职业实践教育的潜力,如2021年9月,日本五家整车企业——马自达、丰田、本田、日产、斯巴鲁和五家汽车零部件企业——爱信、加特可、电装、松下、三菱电机联合成立基于模型的开发推进中心(MBI),共同搭建下一代智能电动汽车CASE(connected网联化、autonomous智能化、shared&service共享化、electric电动化)的数字化开发平台。这一平台可供与上述企业有校企合作关系的高等学校和职业院校使用,服务学生实训实习。

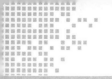

（四）校企共建实践中心

职业教育示范性虚拟仿真实训基地是校企共建实践中心的主要抓手。职业教育示范性虚拟仿真实训基地是集教学、实训、培训、科研、竞赛、科普等功能于一体的综合性实训基地、虚拟仿真实训教学资源校企协同开发平台和虚拟仿真实训技术成果展示与应用推广平台。2021年8月，教育部职业教育与成人教育司确定了215个职业教育示范性虚拟仿真实训基地培育项目，其中由高职高专院校牵头建设的有203个。2021年9月，教育部科技发展中心印发了《职业教育示范性虚拟仿真实训基地建设指南》，解决实训教学过程中高投入、高损耗、高风险及难实施、难观摩、难再现的"三高三难"痛点和难点。2022年10月，教育部高等学校科学研究发展中心先后公布了2022年度"虚拟仿真技术在职业教育教学中的创新应用"专项课题立项名单和2021年度职业教育示范性虚拟仿真基地典型案例项目，分别有343项课题获立项，39个典型案例入选。

三、开放型区域产教融合实践中心建设的支持保障

《关于深化现代职业教育体系建设改革的意见》以建立部省协同推进机制为核心，设计了央地互动、区域联动、政行企校协同的改革新机制，着力营造制度供给充分、条件保障有力、产教深度融合的新生态。该意见提出，政府投入的保持公益属性，建在企业的按规定享受教育用地、公用事业费等优惠。教育部通过推出一批引领职业教育领域改革的国家级项目，树立标杆、打造品牌。国家发展改革委还通过地方政府专项债券、政策性开发性金融工具、设备购置与更新改造贷款贴息、制造业中长期贷款等渠道，及时做好职业教育领域重点项目的引导、储备和推荐工作，向社会传递信号、给地方提供支持，引导基层大胆试、大胆闯。

第十一章　创新国际交流与合作机制

李　佐

　　为全面贯彻落实党的二十大精神,着力破解职业教育改革发展突出矛盾和问题,中共中央办公厅、国务院办公厅于 2022 年 12 月印发《关于深化现代职业教育体系建设改革的意见》。该文件是党的二十大后党中央、国务院部署教育改革工作的首个指导性文件,是统筹职业教育、高等教育、继续教育协同创新的重要抓手,是推进职普融通、产教融合、科教融汇的关键步骤,集中体现了党中央、国务院部署职业教育改革的新主张、新举措、新机制。该文件破除了"矮化""窄化"职业教育的传统认知,直击改革实践中的难点痛点问题,提出了一系列新理念、新观点、新判断,极具理论与实践价值。该文件提出了新阶段职业教育改革的一系列重大举措,可以概括为"一体、两翼、五重点"。"一体",即探索省域现代职业教育体系建设新模式,是改革的基座。"两翼",即市域产教联合体和行业产教融合共同体,是改革的载体。"五重点",即围绕职业教育自立自强设计的五项重点工作,其中第五项重点工作是"创新国际交流与合作机制",内容包括持续办好世界职业技术教育发展大会和世界职业院校技能大赛,推动成立世界职业技术教育发展联盟。立足区域优势、发展战略、支柱产业和人才需求,打造职业教育国际合作平台。教随产出、产教同行,建设一批高水平国际化的职业学校,推出一批具有国际影响力的专业标准、课程标准,开发一批教学资源、教学设备。打造职业教育国际品牌,推进专业化、模块化发展,健全标准规范、创新运维机制;推广"中文＋职业技能"项目,服务国际产能合作和中国企业"走出去",培养国际化人才和中资企业急需的本土技

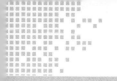

术技能人才,提升中国职业教育的国际影响力。[①]

一、培养国际产能合作急需国际化人才

高水平对外开放是我国推进高质量发展的重要组成部分,是构建以国内大循环为主体、国内国际双循环相互促进的新经济发展格局的核心内容,是用好国际国内新发展阶段战略机遇期的重要保障。高水平对外开放需要高质量国际化人才的支撑,职业教育应为高质量国际化人才培养做出更大贡献。2013 年,习近平主席首提"一带一路"倡议。十年来,共建"一带一路"成为深受欢迎的国际公共产品和国际合作平台,推动我国形成了更大范围、更宽领域、更深层次的对外开放格局。伴随"一带一路"建设的推进,越来越多的企业"走出去",它们迫切需要大量能够参与"一带一路"建设的优秀人才,这对职业教育的国际化人才培养提出了更高要求。然而,当前职业院校培养的国际化人才与国家高水平对外开放战略及行业企业"走出去"的现实需求之间仍然存在着不匹配和不适应的现象,反映出职业教育联结社会经济发展的作用一定程度上的失灵和失效。因此,服务国际产能合作、优化人才培养内容及发展路径,是推进我国职业教育国际化的必要手段。[②]

2020 年 9 月,教育部等九部门联合出台《职业教育提质培优行动计划(2020—2023 年)》,提出多措并举增强职业教育适应性,并将加快培养国际产能合作急需人才、提升职业教育国际影响力作为十大重点任务之一。2020 年 10 月,党的十九届五中全会通过《中共中央关于制

---

① 教育部职业教育与成人教育司.《关于深化现代职业教育体系建设改革的意见》总体情况[EB/OL]. (2022-12-27) [2023-02-08]. http://www. moe. gov. cn/fbh/live/2022/55031/sfcl/202212/t20221227_1036406.html.

② 郑亚莉,魏吉,张海燕,等. 高职院校复合型国际化人才培养的问题与路径[J]. 中国高教研究,2021(12):92-96.

定国民经济和社会发展第十四个五年规划和 2035 年远景目标的建议》,明确提出要加大人力资本投入,增强职业技术教育适应性。2021年 10 月,中共中央办公厅、国务院办公厅印发《关于推动现代职业教育高质量发展的意见》,提出通过提升中外合作办学水平、拓展中外合作交流平台、推动职业教育"走出去",打造中国特色职业教育品牌。《关于深化现代职业教育体系建设改革的意见》则从培养国际化人才和中资企业急需的本土技术技能人才两个角度,强调服务国际产能合作和中国企业"走出去",提升中国职业教育的国际影响力,不仅体现了职业教育的类型特性,而且展现了合作共赢构建人类命运共同体的价值取向,在当前形势下具有十分重要的现实意义。

借鉴加拿大著名学者简·奈特对教育国际化的经典定义,高职院校复合型国际化人才培养是整合"国际""跨文化""全球"三种维度,使其充分融入高职教育的目的、功能或传递的过程。其中,"国际"是指不同民族、文化与国家之间的关系;"跨文化"是指两种及以上不同文化背景群体之间的交互作用,强调一国环境中文化的多样性;"全球"是强调培养的人才要具有全球视野。[①] 三者互为补充,共同反映了高职教育国际化过程在深度与广度上的深刻内涵。整合是将三种维度嵌入高职院校的实际办学过程中,过程则表示高职院校国际化人才培养是一种正在进行与持续不断的努力。作为职业教育"类型特征"的一种体现,高职院校培养国际产能合作急需的国际化人才,其目的是使学生获得适应日益多元化、开放化、全球化的社会环境所必须具备的综合素质,是为满足国家或区域战略性新兴产业对"一技之长+综合素质"的层级化考量。高职教育作为培养面向生产、建设、服务和管理一线所需的高技能人才的类型教育,应以满足国家高水平对外开放对国际化

[①] KNIGHT J. Internationalization remodeled: definition, approaches, and rationales[J]. Journal of studies in international education,2004,8(1):5-31.

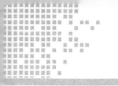

人才的需求为己任,从专业、语言、文化三个维度加强国际化人才培养,服务国际产能合作和中国企业"走出去",培养国际化人才和中资企业急需的本土技术技能人才。

专业维度方面,高职国际化人才应该"精专业"。主要表现为:高等职业教育的国际化人才应具有较广的专业知识、较精的职业技能和较高的职业素质。在专业知识上,作为一名满足国际产能合作需求的国际化应用人才,除了要具备一定专业基础知识之外,还要对该专业领域的国际发展趋势、最新技术突破、产业国家分布等有一定程度的了解。在职业技能上,国际化应用人才要拥有更高超的操作技巧,并可以做到触类旁通,发挥技术示范的作用,成为公司海外员工的培训师。在职业品质上,要更加爱岗敬业、勇于奉献,具备团队合作意识、责任担当意识,要更加乐观、自信、上进,具有多元文化的包容性。

语言维度方面,高职国际化人才应该"强外语"。高职国际化人才应当能够熟练运用英语,不但具备在本行业内的英语交流技能,而且在生产、工作中能够运用英语解决技术方面的问题,还能运用英语和企业"走出去"目的国民众进行更深层次沟通,结交到更多的朋友。另外,能熟练使用第二外语进行简单的交际。在"走出去"的过程中,通过对目的国语言的运用,可以获得目的国工作伙伴的信任;通过对目的国语言的掌握,可以增强对目的国历史文化的了解,增强其跨文化交流沟通的能力。

文化维度方面,高职国际化人才应该"融文化"。高职国际人才服务"一带一路"建设,应当在深入了解中华优秀传统文化的同时,强化对特定国家或区域的文化认知,尊重不同国家之间的差异,并以开放的心态接受不同国家之间的文化差异,进而具有更强的跨文化交流能力、适应能力和更大的灵活度,通过高效、恰当的交流方式达到交流目的,促进不同国家之间的文化融合。

因此,培养国际产能合作急需的国际化人才,需要将区域经济发展需求、学校优势和个人兴趣等有机地结合起来,加强对具体国家(地区)的认识,掌握其历史、人文和风俗习惯,掌握跨文化交流所需的知识,并在具体国家(地区)具有自己的独特优势,以实现服务国家及区域开放战略、行业企业"走出去"需要的人才培养目标。[①]

(一)构建高职国际化人才培养课程体系

围绕专业、语言和文化三个维度,对现有的课程进行优化,充分发挥国别区域研究中心对国内外教育资源和行业企业资源的整合作用,构建一、二、三课堂相结合的高职国际化人才培养课程体系。在第一课堂中拓展专业课程的语言维度和文化维度,依托国别区域研究增设专业相关的国别课程。同时,将语言教学与专业教学相融合,加强外语综合听说读写能力的同时提升学生在专业领域的外语应用能力。在此基础上,广泛开展国别文化讲座、语言沙龙、技术技能竞赛等第二课堂活动,让学生能够更好地了解和领悟第一课堂所学到的知识。第三课堂应充分利用职业教育国际合作平台,强化实践课程的设计,并通过与中外企业、大学等机构的合作,组织相应的海外实习、文化交流、田野调查、夏令营、援外义工等活动。值得注意的是,在国际化人才培养过程中,应把思想政治教育的价值理念融入一、二、三课堂的教学活动中,引导学生把个人成长与国家发展相结合,讲好中国故事,坚定"四个自信"。

(二)组建产学协同高水平国际化团队

在新时代高职国际化人才培养方面,教师队伍的建设起到了很大的支持作用。因此,要引育结合、多措并举,打造一支素质过硬、能力过

① 郑亚莉,魏吉,张海燕,等.高职院校复合型国际化人才培养的问题与路径[J].中国高教研究,2021(12):92-96.

硬的高水平国际化师资团队。结合国家和区域发展需要，面向特定的"一带一路"国别或区域，建设国别区域研究平台，快速形成智力集聚效应，有助于在更广范围内快速统筹协同国际化人才培养的师资资源、合作网络资源，加快自有国际化人才培养师资队伍的成长。具体来讲，要面向国家及地方"一带一路"建设的重点国别或区域，加强国别区域研究，以研促教、以研促学；与此同时，积极推进校企合作，建设"丝路学院""鲁班工坊""郑和学院"等国际化的校企合作平台。在面向特定的国别或区域的复合型国际化人才培养领域形成资源集聚效应，推动国内外高校智库资源、境内外行业企业资源及相关政府部门资源的集聚协同，并进一步促进高职院校自身的国际化师资队伍建设。比如，高职院校可在本校国际化合作项目基础之上，设立国际化师资培养专项，对有基础的教师进行定向选拔培养，构建以老带新、以优促新的培训机制。优化对教师的激励机制，推动教师带着科研项目和教学任务，去国（境）外参加访学交流、专题培训、国际会议等，在专业、语言、文化三个维度上，提高师资团队的国际化素养，从而提升他们的跨学科教学科研能力。同时，可以加大国外优秀人才的引进力度，与本土教师队伍形成互补，并带动专业的发展。

（三）完善国际化人才培养保障体系

建设一批高水平国际化的职业学校，推出一批具有国际影响力的专业标准、课程标准，开发一批教学资源、教学设备。具体来讲，一是优化顶层设计。在国家宏观指导下，依托国别区域研究中心，紧扣"一带一路"建设的实际需求，营造与复合型国际化人才培养目标相符的政产研学相互支撑的良好生态，确保国际化人才培养体系顶层设计的科学性。二是优化完善内部治理体系。建立国际交流处（管理机构）、国别区域研究中心（研究机构）、二级产教学院（执行机构）三位一体的运行体系，完善制度建设，推动复合型国际化人才培养工作权责清晰、衔接有

序,确保工作质量与管理效率不断提升。三是优化激励机制。设立国际
化办学专项经费,以支持与保障国际化专业标准、课程标准制定,国际化
教学资源建设、国际化教学设备、国际科研项目、国际师资引进,教师访
学研修、学生出国(境)交流与参加国际竞赛等。同时,根据工作绩效开
展分类考核,以提高教师尤其是青年教师对国际化人才培养的热情。

二、打造中国特色职教国际品牌

《关于深化现代职业教育体系建设改革的意见》提出要"打造中国
特色职业教育品牌"。要实现这一目标,需明确职业教育品牌应该具备
的基本内容,对国际职教品牌拥有的基本属性进行分析,根据品牌内
容,梳理我国职业教育改革发展经验,明确我国具备形成职教品牌条
件的具体成果,通过对国际职教品牌创造经验和品牌形成规律的分
析,确定打造我国特色职业教育品牌的内容、路径与方法。[①]

"品牌"这个词来源于古斯堪的那维亚语"brandr",原义是"燃烧",
指在牲畜身上烙上的"烙印",以起到识别和证明的作用。最古老的通
用品牌是在印度吠陀时期(9000—10000 年前),被称为"Chyawan-
prash",以受人尊敬的哲人 Chyawan 命名。随着时间的推移,"品牌"
的含义也越来越丰富。"广告教父"大卫·奥格威将品牌视为一种"复
合的符号",是由"质量、名称、包装、价格、历史、声誉及其宣传方式"组
成。美国"现代营销"之父菲利普·科特勒则将品牌定义为"一种名称、
术语、标记、符号或图案,或是他们的相互组合",其作用在于"识别某个
消费者或某群消费者的产品或服务,并使之与竞争对手的产品或服务
相区别"。总的来说,学界普遍认为符号、区别、满足需求并与顾客建立

---

① 刘育锋.论中国特色职业教育品牌建设[J].中国职业技术教育,2022(34):27-36.

关系是品牌的几个基本内容。同样,职业教育品牌也应该具有品牌的基本特征,它可以充当职业教育产品和服务的标识或符号,向人们传递与职业教育产品或服务相关的信息,尤其是需求者能够使用的有效信息,并且可以将不同的职业教育产品或服务区别开来。优质的职业教育品牌,其用户满意程度高,品牌影响力大,所占的市场份额大。通过满足职业教育顾客的需求程度,可以构建职业教育品牌与顾客的关系。

一些发达国家把建立教育和职业教育品牌,当作提高本国教育国际化水平的一项重要举措,并将其纳入了本国国际教育战略之中。通过多年来的发展,这些国家已经形成了一批具有世界影响的职业教育品牌,如德国的"双元制"、英国的"学位学徒制"、澳大利亚的职业教育"培训包"等。综合来看,他们都具有品牌的标志性属性:标识独特,区别于其他同类职教产品;内容明确,能够体现职业教育发展的规律;国家倡导,作为职教品牌在本国得到广泛应用;国际推广,与多国建立联系并提供相应的专业服务。[①]

我国的职业教育在经历了多年发展后,逐渐建立起了世界上最庞大的职教体系,并积累了一系列的改革和发展经验,为打造中国特色职教国际品牌打下了坚实的基础。

(一)"鲁班工坊"

作为共建"一带一路"的重要途径,"鲁班工坊"是职业教育境外办学的创新举措,服务中国企业"走出去",为国际产能合作和各国经济社会发展提供高素质技术技能人力资源支撑,成为促进"一带一路"人文交流和民心相通的重要载体。它以鲁班的"大国工匠"形象为依托,以"国家现代职业教育改革创新示范区"建设成果为总体支撑,在境外创

---

① 刘育锋.论中国特色职业教育品牌建设[J].中国职业技术教育,2022(34):27-36.

建的实施学历教育和技术培训的合作机构。习近平总书记曾多次在不同的重大外交场合，就"鲁班工坊"建设提出要求，并指出要在非洲国家和上合组织成员国分别设立 10 个"鲁班工坊"。自天津市政府 2016 年在泰国开设第一家"鲁班工坊"以来，中国已经在泰国、印度尼西亚、巴基斯坦等 17 个国家建成近 20 个"鲁班工坊"，涉及自动化、新能源、机械、汽车、铁道、通信、电子信息、云计算、中医药等 47 个中外合作建设的专业，项目建设覆盖亚洲、非洲和欧洲三大洲，为合作国家培养了一批熟悉中国技术、了解中国工艺、认知中国产品的技术技能人才，成为具有一定国际影响力的国际交流合作品牌。[①]

近几年，职业教育不断扩大对外开放，除"鲁班工坊"外，还涌现出"丝路学院""大禹学院""郑和学院"等职业教育国际化发展新品牌，培养了熟悉中华传统文化、中资企业急需的本土技术技能人才。"丝路学院"是浙江省教育厅、浙江省商务厅为深入贯彻国家高质量推进"一带一路"建设而实施的职业教育国际化发展品牌项目，旨在鼓励高校与"走出去"企业携手，积极利用省内高等教育和跨国经营企业的资源优势，借助孔子学院、国别与区域研究中心、校际合作平台等现有资源基础，大力推动校企合作，在"一带一路"沿线国家举办"丝路学院"，搭建对外经贸人才培养和人文交流平台，发挥人才技能培训、国别环境研究、法规政策咨询、教育文化交流等作用，服务高质量推进"一带一路"建设。同时依托"丝路学院"讲好"中国故事""浙江故事"，加大国际传播力度，充分展示浙江对外开放发展成就。截至 2022 年，浙江省共有 17 所高职院校在 20 个国家，建立了 22 所"丝路学院"。"丝路学院"已成为浙江省职业教育国际化的一张金名片。例如，浙江金融职业学院与浙江华立海外实业发展有限公司共建浙金院·华立丝路学院，以智咨商，发布国别研究报告和投资指南，为企业跨国经营提供高质量咨

---

① 张玺."鲁班工坊"：天津职教品牌走向世界[N].工人日报，2019-09-02(1).

询服务；以文会友，开展企业海外园区中外优秀传统文化推广等项目推进教育人文交流；精准育人，以专业订单班、职业培训、沉浸式实习实训定向培养适应性强的技术技能型国际化人才。

据统计，在职业教育方面，我国已与 70 多个国家和国际组织建立了稳定联系，共建"一带一路"国家和地区成为我国招收留学生的主要生源地和境外办学的主要集聚地，有 400 余所高职院校与国外办学机构开展合作办学，全日制来华留学生规模达 1.7 万人。"鲁班工坊""丝路学院"等充分发挥技能培训、人才培养、国别研究、政策咨询、教育文化交流等作用，进一步加大与海外院校之间的合作交流、配合中国企业和产品"走出去"、对接发达国家职业资格标准、建立政府间战略合作框架、加强与境外教育主管部门合作，形成具有自身鲜明特色的境外办学模式。

(二)"中文＋职业技能"项目

随着"一带一路"建设的深入推进，本土复合型人才缺乏成为境外中资企业的发展短板。中国职业教育体系规模虽然位居世界第一，但国际化经验尚有所欠缺。掌握语言是复合型人才发挥作用的前提，复合型人才的缺失呼唤中国职业教育的国际化，而"中文＋职业技能"正是实现国际化的有效途径。教育部等九部门印发的《职业教育提质培优行动计划(2020—2023 年)》明确指出，要提升职业教育国际影响力，加强职业学校与境外中资企业合作，推进"中文＋职业技能"项目，助力中国职业教育走出去。《关于深化现代职业教育体系建设改革的意见》强调要推进"中文＋职业技能"项目，不仅为语言服务提供多功能支持，也为语言服务顺应国际形势发展提供了一种新的思路。"中文＋职业技能"并不是中文和职业技能课程的简单组合，而需要从资源机制建设、复合型师资培养、数字化赋能、多元主体间性角度切入，结合现实进行多元探索和实践。

2020 年 11 月,全国首个由教育部中外语言交流合作中心与职业院校共建的"中文＋职业技能"国际推广基地启动。此后,"中文＋职业技能"项目在世界范围内发展迅速,品牌效应逐渐显现。例如,兰州资源环境职业技术大学依托"中文＋职业技能"项目探索境外实体办学,在塔吉克斯坦成立了驻外培训中心,与塔中矿业有限公司、塔吉克斯坦矿业冶金学院孔子学院、塔吉克斯坦共和国工业与新技术部共同签署了本土人才联合培养项目合作框架协议,以现代学徒制的方式培养冶金技术人才,提高了能源开发产能,缓解了当地技工专业水平不高的窘况。[①]"中文＋职业技能"项目代表着国际中文教育、职业教育走出去的深度融合,为整合国际中文教育和职业教育资源、实现融合创新和协同发展指明了实践方向。

(三)标准"走出去"

2019 年 3 月,教育部、财政部发布《关于实施中国特色高水平高职学校和专业建设计划的意见》,提出"一加强、四打造、五提升"的改革任务,其中,"提升国际化水平"中明确提出"开发国际通用的专业标准和课程体系,推出一批具有国际影响的高质量专业标准、课程标准、教学资源,打造中国职业教育国际品牌"。2019 年 4 月,教育部、国家发展改革委、财政部、市场监管总局联合印发了《关于在院校实施"学历证书＋若干职业技能等级证书"制度试点方案》,部署启动"学历证书＋若干职业技能等级证书"(简称 1＋X 证书)制度试点工作。把学历证书与职业技能等级证书结合起来,探索实施 1＋X 证书制度,是"职教 20 条"的重要改革部署,也是重大创新。简单而言,"1"是学历证书,是指学习者在学制系统内实施学历教育的学校或者其他教育机构中完成

---

① 王鹤楠,陈佳倩,刘嘉明.本科层次职业教育国际化发展的特点与路径[J].成人教育,2022(11):73-78.

了学制系统内一定教育阶段学习任务后获得的文凭;"X"为若干职业技能等级证书。随着我国对外发展战略的深入推进,越来越多的本土企业"走出去",但缺乏高质量的国际化专业人才,特别是具有国际通用标准认证的职业技能人才缺口巨大成为制约我国企业海外业务拓展的关键因素。

加强国际化标准建设,首先应对标国际职业资格制度,引入国外优质证书和国内缺位证书,提升国内职业资格认证的质量和水平。同时,探索国内优质职业证书的输出,打造中国职业资格体系,带动职业标准"走出去"。在这一过程中,应该将企业需求、技术标准等融入职业教育国际化项目建设的各个环节,推动"1+X证书"国际化。在职业教育"走出去"的过程中,深入了解合作国家的专业标准、教学标准和职业资格标准,积极对接对方的职业资格证书。通过中外职业资格证书对比,熟悉当地企业需求、行业标准和岗位职责,并与专业教学结合,编写含有相关产品和行业标准的教材,从而真正构建与职业资格标准相符的内容体系,助力职业教育人才培养国际化。例如,南京工业职业技术大学援建的中赞职业技术学院,根据中国企业的需要以及赞比亚高职院校的实际情况,以一年3个学期为单位,制定了18个学科的课程体系,最终形成了一套机电一体化专业教学标准。该标准获得赞比亚职业教育与培训管理局的认可,最终通过赞比亚职业教育与培训管理局认证,成为国家标准进入国民教育体系,推动了赞比亚的经济和社会的发展,为职业教育国际化发展提供了新方案。① 在国际社会多重文化彼此融通、交织背景下,标准"走出去"也将成为我国高等职业教育品质保障和职业教育文化"软实力"的具体凸显,体现了国内现代职业教育综合实力的品牌效应。

---

① 王鹤楠,陈佳倩,刘嘉明.本科层次职业教育国际化发展的特点与路径[J].成人教育,2022(11):73-78.

第十二章　抓好组织实施　持续推进现代职业教育体系建设改革

周小平

建设现代职业教育体系于 2002 年在《关于大力推进职业教育改革与发展的决定》中首次被提出。此后,有关完善现代职业教育体系的建设任务不断出现在国家的政策文件中。2019 年,国务院印发《国家职业教育改革实施方案》,明确了我国职业教育制度框架和改革的蓝图。2021 年 4 月,全国职业教育大会对加快构建高质量现代职业教育体系作出了一系列重大部署。大会的配套文件——中办、国办印发的《关于推动现代职业教育高质量发展的意见》明确了构建现代职业教育体系的目标、框架、重点任务、制度安排。2022 年 4 月,新修订的《职业教育法》明确国家鼓励发展多种层次和形式的职业教育,着力提升职业教育认可度,建立健全服务全民终身学习的现代职业教育体系等内容。2022 年 12 月,为深入贯彻落实党中央关于职业教育工作的决策部署和习近平总书记有关重要指示批示精神,持续推进现代职业教育体系建设改革,优化职业教育类型定位,中办、国办出台《关于深化现代职业教育体系建设改革的意见》。总体来看,我国现代职业教育体系建设的顶层设计思路清晰、突出战略引领,我们要切实抓好组织实施,加强党的全面领导,建立组织协调机制,强化政策扶持,营造良好氛围,合力攻坚,持续推进现代职业教育体系建设改革走向深入。

一、加强党的全面领导

党的二十大报告指出,"从现在起,中国共产党的中心任务就是团结带领全国各族人民全面建成社会主义现代化强国、实现第二个百年奋斗目标,以中国式现代化全面推进中华民族伟大复兴"。立足新时代新征程的战略机遇期,深化现代职业教育体系建设改革,增强职业教育的适应性,加强高素质技术技能人力资源供给,需要坚持和加强党的全面领导,需要加强党的建设。党的全面领导和党的建设是深化现代职业教育体系改革的根本保证。通过党的建设引领现代职业教育高质量发展,破解长期制约职业教育发展的瓶颈,不断优化职业教育类型定位,撬动教育综合改革,统筹推进科教兴国战略、人才强国战略、创新驱动发展战略,更好地服务经济社会发展。

(一)坚持"四个前提"

加强党的全面领导,必须坚持"四个前提":一是坚持把党的领导贯彻到改革全过程各方面。中国特色社会主义最本质的特征是中国共产党领导,中国特色社会主义制度的最大优势是中国共产党的领导,中国共产党是最高政治领导力量,坚持党中央集中统一领导是最高政治原则。坚持党的领导,就是要增强"四个意识"、坚定"四个自信"、做到"两个维护",把党的领导贯彻到现代职业教育体系建设改革全过程各方面,真正解决好培养什么人、怎样培养人、为谁培养人这一根本问题。二是全面贯彻党的教育方针。党的教育方针是党和国家有关教育事业发展的总体性指导方针和纲领性政策表述,规定了一个时期党和国家教育事业发展的根本任务、价值取向与教育目的,具有很强的方向性、针对性和强制性,是各项教育决策、各级各类教育管理以及学校具体教育活动的政策依据。全面贯彻党的教育方针,这就要求把深化现代职业教育体系建设改革纳入党和国家整个经济社会发展政策体系中,以贯彻党的路线方针政策和习近平新时代中国特色社会主义思想为主要指引。三是坚持社会主义办学方向。这是我们办好职业教育的指导方针。扎根中国大地,服务国家战略和区域经济发展战略,培养中国特色社会主义建设者和接班人,是职业教育办学治校的基本要求。四是落实立德树人根本任务。立德树人是各级各类教育共同的根本任务,更是积极深化现代职业教育体系建设改革的根本要求,我们要构建系统完整的立德树人工作体系,坚持立德树人、德技并修,弘扬工匠精神,培养更多高素质技术技能人才、能工巧匠、大国工匠,为全面建设社会主义现代化国家提供有力人才和技能支撑。

(二)将发展职业教育纳入本地区规划做整体部署和统筹实施

由于职业教育办学主体的区域性、服务面向的区域性、投资主体的区域性,决定了其鲜明的区域性特征。职业教育与区域经济发展具有很强的共生共赢关系。越是经济活跃度高或经济发达的地区,职业院校人才培养质量就越高,毕业生就业的社会认可度也越高。因此,区域经济发展与职业教育发展要统筹规划、一体化设计。《关于深化现代职业教育体系建设改革的意见》指出,各级党委和政府要将发展职业教育纳入国民经济和社会发展规划,与促进就业创业和推动发展方式转变、产业结构调整、技术优化升级等整体部署、统筹实施,并作为考核下一级政府履行教育职责的重要内容。"一分部署,九分落实",教育部职业教育与成人教育司司长陈子季指出,贯彻落实《关于深化现代职业教育体系建设改革的意见》,既需强化顶层设计、突出战略引领,又需明确地方主责、创新央地联动,增强以问题为导向的改革共识、攻坚合力。发挥我们的政治优势、组织优势和制度优势,用好政策红利,在机制上注重考核。

(三)把抓好党建工作作为办学治校的基本功

打铁还需自身硬。党的领导在职业教育系统能不能有效实现,取决于系统内部党的组织体系是否健全,党的建设抓得好不好。职业学校党组织要把抓好党建工作作为办学治校的基本功。一是以政治建

117

设为统领,将其摆在党的建设首位。党的政治建设是党的根本性建设,以决定党的建设方向和效果。以政治建设为统领,就是要坚定政治信仰,坚决做到"两个维护",强化政治领导,提高政治能力,净化政治生态,实现全党团结统一,行动一致。二是以思想建设为基础。习近平总书记指出,"炼就金刚不坏之身",必须用科学理论武装头脑,教育引导广大师生解决好世界观、人生观、价值观这个"总开关"问题,自觉做共产主义远大理想和中国特色社会主义共同理想的坚定信仰者和忠实实践者,不断培植我们的精神家园,立志肩负起中华民族伟大复兴的时代重任。三是统筹抓好党的组织建设、作风建设、纪律建设,把制度建设贯穿始终。四是落实全面从严治党主体责任。学校党委对学校工作实行全面领导,对党建全面负责。各级党组织及其负责人都是责任主体,必须担负起全面从严治党的主体责任。纪委承担起全面从严治党的监督责任。落实公办职业学校党组织领导的校长负责制,增强民办职业学校党组织的政治功能和组织功能。坚持党建工作和中心工作一起谋划、一起部署、一起考核,切实把党要管党、全面从严治党的要求落到实处。

(四)牢牢把握党对学校意识形态工作领导权

意识形态工作,事关党对教育事业的全面领导,事关全面贯彻党的教育方针,事关中国特色社会主义事业后继有人,这项工作意义重大而深远。深入推进习近平新时代中国特色社会主义思想进教材、进课堂、进学生头脑,牢牢把握学校意识形态工作领导权。认真落实意识形态工作责任制,做到守土有责、守土负责、守土尽责,要敢抓敢管、敢于亮剑。当前国际环境更趋复杂严峻和不确定,我国经济社会发展正处在关键时期,外部势力对我国的遏制打压变本加厉,各种可预见和难以预见的风险因素明显增多。要加强对意识形态领域重大问题的分析与研判,加强统筹指导,推动重大部署、重要任务的落实。在大是大非问题、政治原则问题上,一定要有鲜明的态度、坚定的立场,敢于站在风口浪尖上进行斗争。"千磨万击还坚劲,任尔东西南北风",要唱响主旋律,壮大正能量,做大做强主流思想舆论,确保意识形态工作的正确方向。

把思想政治工作贯穿学校教育管理全过程,大力培育和践行社会主义核心价值观。社会主义核心价值观是当代中国精神的集中体现,凝结着全体人民共同的价值追求,具有十分丰富的内涵,是引领思想政治工作的重要资源。健全德技并修、工学结合的育人机制,努力培养德智体美劳全面发展的社会主义建设者和接班人。党的十八大以来,我国职业教育发展迅速,办学活力不断增强,建成了世界最大规模的职业教育体系,培养了大批高素质技术技能人才,有力支撑了经济社会发展。职业教育要始终围绕国家发展大局,主动对接创新驱动发展战略,健全德技并修、工学结合的育人机制,把思想政治教育与技术技能培养融合统一,弘扬工匠精神,培育更多新时代需要的高素质建设者、接班人。

二、建立组织协调机制

(一)完善国务院职业教育工作部际联席会议制度

职业教育工作部际联席会议制度最早成立于 2004 年,当时为研究解决职业教育工作中存在的部门利益协调的有关问题,经国务院批复,由教育部、发展改革委、财政部、人事部、劳动保障部、农业部、扶贫办共 7 个部门和单位组成,教育部为牵头单位,教育部部长任联席会议召集人,各成员单位有关负责人任联席会议成员,主要负责统筹协调全国职业教育工作。随着我国职业教育办学改革的不断深入,更多诸如混合所有制改革等体制机制改革的"深水区"问题开始显现,涉及的问题更加复杂,需要协调的部门更加多元,单纯由教育部牵头的职业教育工作部际联席会议制度难以维系,这就需要国家通过顶层进一步

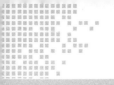

设计成立更为贴近现实的职业教育工作联席会议制度。为此,国务院于 2018 年 11 月 20 日批复了教育部《关于提请调整完善职业教育工作部际联席会议制度的请示》,建立由国务院领导同志牵头负责的国务院职业教育工作部际联席会议制度。2019 年 1 月 24 日发布的《国家职业教育改革实施方案》中再次提出"完善国务院职业教育工作部际联席会议制度",该联席会议制度由教育部、人力资源社会保障部、发展改革委、工业和信息化部、财政部、农业农村部、国资委、税务总局、扶贫办等单位组成,国务院分管教育工作的副总理担任召集人。2021 年,中共中央办公厅、国务院办公厅印发《关于推动现代职业教育高质量发展的意见》指出,"职业教育工作部门联席会议要充分发挥作用,教育行政部门要认真落实对职业教育工作统筹规划、综合协调、宏观管理职责"。《关于深化现代职业教育体系建设改革的意见》作出进一步要求,完善国务院职业教育工作部际联席会议制度,建设集聚教育、科技、产业、经济和社会领域知名专家学者和经营管理者的咨询组织,承担职业教育政策咨询、标准研制、项目论证等工作。

(二)建立统筹协调推进机制,推动行业企业积极参与

职业教育改革涉及管理层级多、部门多、主体多,一些内容触及体制机制改革,牵扯面广、阻力较大,难以形成改革发展合力,这确实是多年来职业教育发展的老大难问题。《关于深化现代职业教育体系建设改革的意见》提出,教育部牵头建立统筹协调推进机制,会同相关部门推动行业企业积极参与。职业教育主要是为行业、企业培养生产、建设、服务、管理一线的高技能型人才,政府和行业、企业在职业教育发展中应起主导作用。但目前,我国企业、行业在职业教育发展中存在着"主体地位缺失和移位"的现象。明晰"政府"的角色,建立统筹协调推进机制,推动行业企业积极参与。一是政府要实质性地统筹各个相关部门,由专门机构和专人负责协调和落实,充分发挥统筹、协调的作用,

制定相关的法律法规,规范政府、学校、企业等在办学中的权利与义务,通过投资、评估、指导等方法引导职业院校的发展方向,整体化推进职业教育。二是运用多元手段协调各方利益,密切部门合作,赢得行业支持和社会参与,相互配合、互惠互利,通过创设环境、搭建平台、制定政策、提供信息服务等,引导职业教育机构面向市场,搞活机制,自主办学。三是要建立有效的督导与监督机制。进一步健全各级政府职业教育督导制度,探索建立相对独立的职业教育督导机构,独立行使督导职能。

(三)制定人才需求、产业发展和政策支持"三张清单",健全落实机制

省级党委和政府制定人才需求、产业发展和政策支持"三张清单",健全落实机制。职业教育如何促进产业升级,推进区域经济的发展以及区域产业发展如何助推职业教育人才培养质量的提升,是各级政府乃至国家一直重视但难以突破的难点。伴随着我国进入经济发展"新常态"阶段,受到体制机制等多种因素影响,人才培养供给侧和产业需求侧在结构、质量、水平上还不能完全相互适应,"两张皮"问题仍然存在。深化产教融合,制定人才需求、产业发展和政策支持"三张清单",健全落实机制是目前促进教育链、人才链与产业链、创新链有机衔接,推进人力资源供给侧结构性改革的迫切要求,对新形势下全面提高教育质量、扩大就业创业、推进经济转型升级、培育经济发展新动能具有重要意义。

(四)建立职业教育与培训管理机构,整合职能,统筹职业教育改革发展

随着社会转型发展、技能更新周期缩短以及新兴产业发展,原来的职业院校人才培养模式已经难以对接产业需求,现代职业教育和培训并举的人才培养模式能很好地解决这一突出问题。新《职业教育法》

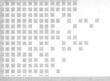

也对职业教育作出了新的规定,"职业教育包括职业学校教育和职业培训","国家建立健全适应经济社会发展需要,产教深度融合,职业学校教育和职业培训并重,职业教育与普通教育相互融通,不同层次职业教育有效贯通,服务全民终身学习的现代职业教育体系"。《职业教育法》从内涵及健全现代职业教育体系角度,明确了职业培训和职业教育并重,职业培训是现代职业教育体系的半壁江山。因此,地方建立职业教育与培训管理机构,整合相关职能,统筹职业教育改革发展,意义重大。目前,已经有地方提出组建职业教育发展局,整合政府相关部门职能和资源,统筹规划、部署实施职业教育改革创新重大事项,统一管理职业教育与职业培训机构,着力解决管理职能条块分割、政出多门、资源分散、效率低下等问题。

三、强化政策扶持

(一)加大投资支持

国家发展改革委社会司司长欧晓理指出,深化现代职业教育体系建设改革,硬件条件是基础,资金投入是保障。要重点通过中央预算内投资、地方政府专项债券、金融服务等三个方面,切实支持职业教育高质量发展。在中央预算内投资方面,国家发展改革委通过"十三五"教育现代化推进工程、"十四五"教育强国推进工程等重大工程,安排中央预算内投资集中支持优质职业院校、应用型本科高校建设一批高水平、专业化产教融合实训基地等职业教育重点项目。在地方政府专项债券方面,国家发展改革委积极将优质职业教育项目纳入地方政府专项债券储备范围,鼓励引导地方政府安排专项债券支持职业教育基础设施建设。在金融服务方面,国家发展改革委通过政策性开发性金融工具、设备购置与更新改造贷款贴息、制造业中长期贷款等渠道,及时向金融机构推荐优质职业教育项目,协调各地充分使用国际金融组织和外国政府贷款,统筹支持职业教育项目建设。在上述政策推动下,各级各类职业院校的基础设施、仪器设备等办学条件得到明显改善,人才培养质量显著提升,职业教育的吸引力和美誉度得到提高。

近年来,国家发展改革委会同教育部等部门,通过"十三五"教育现代化推进工程、"十四五"教育强国推进工程两个重大工程,切实发挥中央预算内投资引领作用,不断加大中央预算内投资支持力度,积极支持职业教育高质量发展。我们以职业教育产教融合为重点支持方向,以补齐实习实训环节短板为重点突破问题,以优质职业院校为重点扶持范围,以高水平、专业化产教融合实训基地为重点建设项目,切实提高技术技能人才培养质量,有效提升职业院校的办学条件和育人水平。"十三五"以来,国家发展改革委累计安排中央预算内投资343亿元支持全国约1200个职业教育实训基地建设。其中,"十三五"期间,通过教育现代化推进工程安排中央预算内投资约238亿元,支持约1000个产教融合实训基地建设,重点加强中职学校基础设施建设。"十四五"期间,2021—2022年通过教育强国推进工程安排中央预算内投资约105亿元,支持约200个产教融合实训基地建设,重点加强高职学校和应用型本科高校基础设施建设,投资使用进一步集中,支持规模进一步提升,建设成效进一步巩固。在中央预算内投资大力支持职业教育的同时,国家发展改革委还通过地方政府专项债券、政策性开发性金融工具、设备购置与更新改造贷款贴息、制造业中长期贷款等渠道,及时做好职业教育领域重点项目的引导、储备和推荐工作,使职业教育教学实训条件得到显著提升,为推动职业教育高质量发展发挥了积极作用。

(二)确保政策公平

《关于深化现代职业教育体系建设改革的意见》指出,"用人单位不得设置妨碍职业学校毕业生平等就业、公平竞争的报考、录用、聘用条件。支持地方深化收入分配制度改革,提高生产服务一线技术技能人才工资收入水平"。近年来国家非常重视职业教育,相关政策、法律法规密集出台,如《国家职业教育改革实施方案》《深化新时代教育评价改革总体方案》,还有《关于推动现代职业教育高质量发展的意见》、新《职业教育法》均提出了同等对待职业学校毕业生,积极推动职业学校毕业生在落户、就业、参加机关事业单位招聘、职称评审、职级晋升等方面与普通学校毕业生享受同等待遇。

平等就业、公平竞争是促进职业教育的重要一环。创造公平就业环境,加强学生权益保障,为职业教育发展营造良好社会环境,需要社会各方力量共同努力。一是加强对各地公共就业服务机构指导,保障职业院校学生享有公平就业机会和平等权利。对符合条件的职业院校毕业生,按规定落实社保补贴、培训补贴、求职创业补贴等就业支持政策。二是要引导事业单位树立正确的选人用人理念,着力破除社会上存在的唯名校、唯学历的用人导向,指导事业单位根据不同行业、不同单位、不同类别岗位职责要求,科学合理设置学历、职业资格或职业技能水平等岗位招聘条件,打通职业院校毕业生参加事业单位公开招聘的通道。三是要支持地方深化收入分配制度改革,提高生产服务一线技术技能工人工资收入水平。

四、营造良好氛围

(一)营造全社会充分了解、积极支持、主动参与职业教育的良好氛围

深化现代职业教育体系建设改革是增强职业教育社会认可度和吸引力的需要。当前职业教育吸引力仍然不强,社会对职业教育的偏

见仍然存在，许多家长和学生对就读职业学校积极性不高，大多数初中毕业生升入中职、高中毕业生升入高职是"分数选择"的结果。由此也导致职业教育生源严重不足、学历型人才过度饱和而技能型人才奇缺的劳资供给失衡格局等现象。要有效扭转这些现象，需要通过深化体系建设改革来改变，需要营造全社会充分了解、积极支持、主动参与职业教育的良好氛围。我们要加强正面宣传，挖掘宣传基层和一线技术技能人才成长成才的典型事迹，弘扬劳动光荣、技能宝贵、创造伟大的时代风尚，形成全社会尊重技术技能人才的社会文化观。

习近平总书记多次号召积极营造劳动光荣的社会环境，引导广大人民群众树立辛勤劳动、诚实劳动、创造性劳动的理念。2013 年 4 月 28 日，习近平总书记在同全国劳动模范代表座谈时指出："工业强国都是技师技工的大国，我们要有很强的技术工人队伍。"2014 年 6 月，习近平总书记就加快职业教育发展作出的重要批示中指出："弘扬劳动光荣、技能宝贵、创造伟大的时代风尚。"2016 年，他进一步强调："我们要在全社会大力弘扬劳动精神，提倡通过诚实劳动来实现人生的梦想、改变自己的命运，反对一切不劳而获、投机取巧、贪图享乐的思想。"2020 年，习近平在致首届全国职业技能大赛的贺信中指出"技术工人队伍是支撑中国制造、中国创造的重要力量"，"要高度重视技能人才工作，大力弘扬劳模精神、劳动精神、工匠精神，激励更多劳动者特别是青年一代走技能成才、技能报国之路，培养更多高技能人才和大国工匠，为全面建设社会主义现代化国家提供有力人才保障"。及时总结各地推进现代职业教育体系建设改革的典型经验，做好有关宣传报道，营造全社会充分了解、积极支持、主动参与职业教育的良好氛围。办好职业教育活动周，利用"五一"国际劳动节、教师节等重要节日加大对职业教育的宣传力度，挖掘和宣传基层一线技术技能人才成长成才的典型事迹。

(二)树立结果导向的评价方向

"结果导向教育"(Outcome-Based Education)是国际工程教育界广泛采用的教育与认证理念。该理念由美国学者斯派蒂于20世纪80年代提出,最初应用于美国基础教育改革,而后推广到美国高等教育界,并很快在全球受到广泛关注。结果导向也是 ISO 质量管理体系、绩效管理理论中的基本概念和核心思想之一。结果导向首先强调的一个要素就是站在结果的角度思考问题,并养成一种思维习惯。在这里主要是指重业绩、重技能,不看学历,不看文凭,树立正确人才观和选人用人观。"一个人能否成才,关键不在于是否考大学而在于他的实际本领","要树立强烈的人才意识,寻觅人才求贤若渴,发现人才如获至宝,举荐人才不拘一格,使用人才各尽其能"。"三百六十行,行行出状元",走出人才观、职业观的认识误区,改革用人评价,消除身份限制,打通职业学校毕业生在就业、落户、参加招聘、职称评审、晋升等方面的通道,让他们与普通学校毕业生享受同等待遇。尊重技能人才,提升技能岗位的认可度,推进职业教育健康、持续、高质量的发展。职业教育能提供更多样化的成长成才路径,人人皆可成才、人人尽展其才,真正做到职业教育"就业有门,升学有路,继续发展有基础,创业有优势"。

附录1　中共中央办公厅、国务院办公厅印发
《关于深化现代职业教育体系建设改革的意见》

新华社北京 12 月 21 日电　近日,中共中央办公厅、国务院办公厅印发了《关于深化现代职业教育体系建设改革的意见》,并发出通知,要求各地区各部门结合实际认真贯彻落实。

《关于深化现代职业教育体系建设改革的意见》全文如下。

为深入贯彻落实党中央关于职业教育工作的决策部署和习近平总书记有关重要指示批示精神,持续推进现代职业教育体系建设改革,优化职业教育类型定位,现提出如下意见。

一、总体要求

1.指导思想。以习近平新时代中国特色社会主义思想为指导,深

入贯彻党的二十大精神,坚持和加强党对职业教育工作的全面领导,把推动现代职业教育高质量发展摆在更加突出的位置,坚持服务学生全面发展和经济社会发展,以提升职业学校关键能力为基础,以深化产教融合为重点,以推动职普融通为关键,以科教融汇为新方向,充分调动各方面积极性,统筹职业教育、高等教育、继续教育协同创新,有序有效推进现代职业教育体系建设改革,切实提高职业教育的质量、适应性和吸引力,培养更多高素质技术技能人才、能工巧匠、大国工匠,为加快建设教育强国、科技强国、人才强国奠定坚实基础。

2.改革方向。深化职业教育供给侧结构性改革,坚持以人为本、能力为重、质量为要、守正创新,建立健全多形式衔接、多通道成长、可持续发展的梯度职业教育和培训体系,推动职普协调发展、相互融通,让不同禀赋和需要的学生能够多次选择、多样化成才;坚持以教促产、以产助教、产教融合、产学合作,延伸教育链、服务产业链、支撑供应链、打造人才链、提升价值链,推动形成同市场需求相适应、同产业结构相匹配的现代职业教育结构和区域布局。构建央地互动、区域联动,政府、行业、企业、学校协同的发展机制,鼓励支持省(自治区、直辖市)和重点行业结合自身特点和优势,在现代职业教育体系建设改革上先行先试、率先突破、示范引领,形成制度供给充分、条件保障有力、产教深度融合的良好生态。

二、战略任务

3.探索省域现代职业教育体系建设新模式。围绕深入实施区域协调发展战略、区域重大战略等和全面推进乡村振兴,国家主导推动、地方创新实施,选择有迫切需要、条件基础和改革探索意愿的省(自治区、直辖市),建立现代职业教育体系建设部省协同推进机制,在职业学校关键能力建设、产教融合、职普融通、投入机制、制度创新、国际交流合作等方面改革突破,制定支持职业教育的金融、财政、土地、信用、就业和收入分配等激励政策的具体举措,形成有利于职业教育发展的制度环境和生态,形成一批可复制、可推广的新经验新范式。

4.打造市域产教联合体。省级政府以产业园区为基础,打造兼具人才培养、创新创业、促进产业经济高质量发展功能的市域产教联合体。成立政府、企业、学校、科研机构等多方参与的理事会,实行实体化运作,集聚资金、技术、人才、政策等要素,有效推动各类主体深度参与职业学校专业规划、人才培养规格确定、课程开发、师资队伍建设,共商培养方案,共组教学团队,共建教学资源,共同实施学业考核评价,推进教学改革,提升技术技能人才培养质量;搭建人才供需信息平台,推行产业规划和人才需求发布制度,引导职业学校紧贴市场和就业形势,完善职业教育专业动态调整机制,促进专业布局与当地产业结构紧密对接;建设共性技术服务平台,打通科研开发、技术创新、成果转移链条,为园区企业提供技术咨询与服务,促进中小企业技术创新、产品升级。

5.打造行业产教融合共同体。优先选择新一代信息技术产业、高档数控机床和机器人、高端仪器、航空航天装备、船舶与海洋工程装备、先进轨道交通装备、能源电子、节能与新能源汽车、电力装备、农机装备、新材料、生物医药及高性能医疗器械等重点行业和重点领域,支持龙头企业和高水平高等学校、职业学校牵头,组建学校、科研机构、上下游企业等共同参与的跨区域产教融合共同体,汇聚产教资源,制定教学评价标准,开发专业核心课程与实践能力项目,研制推广教学装备;依据产业链分工对人才类型、层次、结构的要求,实行校企联合招生,开展委托培养、订单培养和学徒制培养,面向行业企业员工开展岗前培训、岗位培训和继续教育,为行业提供稳定的人力资源;建设技术创新中心,支撑高素质技术技能人才培养,服务行业企业技术改造、工艺改进、产品升级。

三、重点工作

6.提升职业学校关键办学能力。优先在现代制造业、现代服务业、现代农业等专业领域,组织知名专家、业界精英和优秀教师,打造一批核心课程、优质教材、教师团队、实践项目,及时把新方法、新技术、新工艺、新标准引入教育教学实践。做大做强国家职业教育智慧教育平台,建设职业教育专业教学资源库、精品在线开放课程、虚拟仿真实训基地等重点项目,扩大优质资源共享,推动教育教学与评价方式变革。面向新业态、新职业、新岗位,广泛开展技术技能培训,服务全民终身学习和技能型社会建设。

7.加强"双师型"教师队伍建设。加强师德师风建设,切实提升教师思想政治素质和职业道德水平。依托龙头企业和高水平高等学校建设一批国家级职业教育"双师型"教师培养培训基地,开发职业教育师资培养课程体系,开展定制化、个性化培养培训。实施职业学校教师学历提升行动,开展职业学校教师专业学位研究生定向培养。实施职业学校名师(名匠)名校长培养计划。设置灵活的用人机制,采取固定岗与流动岗相结合的方式,支持职业学校公开招聘行业企业业务骨干、优秀技术和管理人才任教;设立一批产业导师特聘岗,按规定聘请企业工程技术人员、高技能人才、管理人员、能工巧匠等,采取兼职任教、合作研究、参与项目等方式到校工作。

8.建设开放型区域产教融合实践中心。对标产业发展前沿,建设集实践教学、社会培训、真实生产和技术服务功能于一体的开放型区域产教融合实践中心。以政府主导、多渠道筹措资金的方式,新建一批公共实践中心;通过政府购买服务、金融支持等方式,推动企业特别是中小企业、园区提高生产实践资源整合能力,支持一批企业实践中心;鼓励学校、企业以"校中厂"、"厂中校"的方式共建一批实践中心,服务职业学校学生实习实训,企业员工培训、产品中试、工艺改进、技术研发等。政府投入的保持公益属性,建在企业的按规定享受教育用地、公用事业费等优惠。

9.拓宽学生成长成才通道。以中等职业学校为基础、高职专科为主体、职业本科为牵引,建设一批符合经济社会发展和技术技能人才培养需要的高水平职业学校和专业;探索发展综合高中,支持技工学校教育改革发展。支持优质中等职业学校与高等职业学校联合开展五年一贯制办学,开展中等职业教育与职业本科教育衔接培养。完善职教高考制度,健全"文化素质+职业技能"考试招生办法,扩大应用型本科学校在职教高考中的招生规模,招生计划由各地在国家核定的年度招生规模中统筹安排。完善本科学校招收具有工作经历的职业学校毕业生的办法。根据职业学校学生特点,完善专升本考试办法和培养方式,支持高水平本科学校参与职业教育改革,推进职普融通、协调发展。

10.创新国际交流与合作机制。持续办好世界职业技术教育发展大会和世界职业院校技能大赛,推动成立世界职业技术教育发展联盟。立足区域优势、发展战略、支柱产业和人才需求,打造职业教育国际合作平台。教随产出、产教同行,建设一批高水平国际化的职业学校,推出一批具有国际影响力的专业标准、课程标准,开发一批教学资源、教学设备。打造职业教育国际品牌,推进专业化、模块化发展,健全标准规范、创新运维机制;推广"中文+职业技能"项目,服务国际产能合作和中国企业走出去,培养国际化人才和中资企业急需的本土技术技能人才,提升中国职业教育的国际影响力。

四、组织实施

11.加强党的全面领导。坚持把党的领导贯彻到现代职业教育体系建设改革全过程各方面,全面贯彻党的教育方针,坚持社会主义办学方向,落实立德树人根本任务。各级党委和政府要将发展职业教育纳入本地区国民经济和社会发展规划,与促进就业创业和推动发展方式转变、产业结构调整、技术优化升级等整体部署、统筹实施,并作为考核下一级政府履行教育职责的重要内容。职业学校党组织要把抓好党建工作作为办学治校的基本功,落实公办职业学校党组织领导的校长负责制,增强民办职业学校党组织的政治功能和组织功能。深入推进习近平新时代中国特色社会主义思想进教材、进课堂、进学生头脑,牢牢把握学校意识形态工作领导权,把思想政治工作贯穿学校教育管理全过程,大力培育和践行社会主义核心价值观,健全德技并修、工学结合的育人机制,努力培养德智体美劳全面发展的社会主义建设者和接班人。

12.建立组织协调机制。完善国务院职业教育工作部际联席会议制度,建设集聚教育、科技、产业、经济和社会领域知名专家学者和经营管理者的咨询组织,承担职业教育政策咨询、标准研制、项目论证等工作。教育部牵头建立统筹协调推进机制,会同相关部门推动行业企业积极参与。省级党委和政府制定人才需求、产业发展和政策支持"三张清单",健全落实机制。支持地方建立职业教育与培训管理机构,整合相关职能,统筹职业教育改革发展。

13.强化政策扶持。探索地方政府和社会力量支持职业教育发展投入新机制,吸引社会资本、产业资金投入,按照公益性原则,支持职业教育重大建设和改革项目。将符合条件的职业教育项目纳入地方政府专项债券、预算内投资等的支持范围。鼓励金融机构提供金融服务支持发展职业教育。探索建立基于专业大类的职业教育差异化生均拨款制度。地方政府可以参照同级同类公办学校生均经费等相关经费标准和支持政策,对非营利性民办职业学校给予适当补助。完善中等职业学校学生资助办法,建立符合中等职业学校多样化发展要求的成本分担机制。用人单位不得设置妨碍职业学校毕业生平等就业、公平竞争的报考、录用、聘用条件。支持地方深化收入分配制度改革,提高生产服务一线技术技能人才工资收入水平。

14.营造良好氛围。及时总结各地推进现代职业教育体系建设改革的典型经验,做好有关宣传报道,营造全社会充分了解、积极支持、主动参与职业教育的良好氛围。办好职业教育活动周,利用"五一"国际劳动节、教师节等重要节日加大对职业教育的宣传力度,挖掘和宣传基层一线技术技能人才成长成才的典型事迹。树立结果导向的评价方向,对优秀的职业学校、校长、教师、学生和技术技能人才按照国家有关规定给予表彰奖励,弘扬劳动光荣、技能宝贵、创造伟大的时代风尚。

附录 2 教育部办公厅关于加快推进现代职业教育体系建设改革重点任务的通知

教职成厅函〔2023〕20 号

各省、自治区、直辖市教育厅（教委），新疆生产建设兵团教育局：

为深入贯彻党的二十大精神，落实中共中央办公厅、国务院办公厅印发的《关于深化现代职业教育体系建设改革的意见》，加快构建央地互动、区域联动、政行企校协同的职业教育高质量发展新机制，有序有效推进现代职业教育体系建设改革，现就有关事项通知如下。

一、重点任务

（一）打造市域产教联合体

各地要按照《教育部办公厅关于开展市域产教联合体建设的通知》（教职成厅函〔2023〕15 号）要求，积极打造兼具人才培养、创新创业、促进产业经济高质量发展功能的省级市域产教联合体。充分发挥政府主导作用，建立政行企校密切配合、协调联动的工作机制，推动市域产教联合体实体化运作。搭建共性技术服务平台，建设一批产教融合实训基地，广泛开展中国特色学徒制培养，引导联合体内企业广泛接收职业院校学生开展实习实训，支持学校服务企业技术创新、工艺改进、产品升级，促进教育链、人才链与产业链、创新链紧密结合。省级教育行政部门负责领导本省级行政区域的市域产教联合体建设，要防止一哄而上、盲目建设。教育部将加强对市域联合体工作和运行的过程管理和动态管理。第二批国家级市域产教联合体原则上从省级市域产教联合体中择优产生。

（二）打造行业产教融合共同体

各地要支持龙头企业和高水平高等学校、职业学校牵头，联合行业组织、学校、科研机构、上下游企业等共同参与，组建一批产教深度融合、服务高效对接、支撑行业发展的跨区域行业产教融合共同体。建立健全实体化运行机制，有组织开发优质教学评价标准、专业核心课程、实践能力项目和教学装备，培养行业急需的高素质技术技能人才。建成一批行业领先的技术创新中心，形成同市场需求相适应、同产业结构相匹配的现代职业教育结构和区域布局。教育部将在先进轨道交通装备、航空航天装备、船舶与海洋工程装备、新材料、兵器工业5个领域进行首批布局，并有计划地在新一代信息技术产业、高档数控机床和机器人、高端仪器、能源电子、节能与新能源汽车、电力装备、农机装备、生物医药及高性能医疗器械等重点行业和重点领域，指导建设一批全国性跨区域行业产教融合共同体，带动地方建设一批赋能区域经济发展、服务地方特色产业的区域性行业产教融合共同体。

（三）建设开放型区域产教融合实践中心

各地要面向国家重大战略和区域经济发展，对标产业发展前沿，建设一批集实践教学、社会培训、真实生产和技术服务功能于一体的学校实践中心、企业实践中心和公共实践中心（以下简称实践中心）。实践中心要积极协调各类资源，加强经费和人员投入，围绕企业生产经营过程中的关键问题开展协同创新，聚焦行业紧缺高技能人才开展联合培养，产出一批支撑区域产业和经济社会高质量发展的突出成果。到2025年，建成300个左右全国性实践中心，带动各地建设一批省级和市级实践中心，形成国家省市三级实践中心体系，职业教育的实践教学质量和服务能力全面提升。

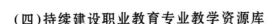

（四）持续建设职业教育专业教学资源库

适应职业教育数字化转型趋势和变革要求，加快构建校省国家三级中职高职本科全覆盖的职业教育专业教学资源库（以下简称资源库）共建共享体系。资源库要围绕某个专业开展建设，涵盖专业人才培养方案、课程教学资源、知识图谱、必备技能以及对应的职业岗位标准，覆盖全部专业核心课程，扩展建设必要的专业基础课程，为学习者提供便捷高效的全流程学习服务。各校要深化国家职业教育智慧教育平台应用，优先使用全国性、区域性资源库，鼓励根据人才培养需要建设有特色的校级资源库。各地要强化区域统筹，建设服务当地产业和地域特色的区域性资源库，推动各级资源库接入国家或省级职业教育智慧教育平台，主动接受应用情况监测。教育部将在推进现有国家级资源库完善升级、动态管理的同时，在专业基础好、资源质量好、使用效果好、行业企业需求迫切、示范引领作用明显的区域性资源库的基础上，继续有组织建设一批全国性资源库。到 2025 年，建成一批全国性资源库，带动地方建设 1000 个左右区域性资源库，基本实现职业教育专业全覆盖。

（五）建设职业教育信息化标杆学校

各校要积极落实《职业院校数字校园规范》，建设校本大数据中心，建设一体化智能化教学、管理与服务平台，持续丰富师生发展、教育教学、实习实训、管理服务等应用场景，落实网络安全责任。各地要强化统筹，加大财政支持力度；指导学校系统设计校本数字化整体解决方案；组织学校有序接入"全国职业教育智慧大脑院校中台"，接受管理监测。教育部将在数字资源丰富、功能应用强大、赋能效果良好的区域性信息化标杆学校的基础上，有组织地指导建设全国性信息化标杆学校。到 2025 年，建成 300 所左右全国性信息化标杆学校，带动建设

1000 所左右区域性信息化标杆学校,推动信息技术与职业院校办学深度融合。

(六)建设职业教育示范性虚拟仿真实训基地

各校要瞄准专业实训教学中"高投入高难度高风险、难实施难观摩难再现"等现实问题,结合自身实际,建设职业教育虚拟仿真实训基地(以下简称虚仿基地)。虚仿基地要有效运用虚拟现实、数字孪生等新一代信息技术,开发资源、升级设备、构建课程、组建团队,革新传统实训模式,有效服务专业实训和社会培训等。各地要加强统筹管理,根据区域产业结构,因地制宜、合理布局建设区域性虚仿基地;引导各虚仿基地共建共享共用虚拟仿真实训资源,积极向国家或省级职业教育智慧教育平台推送优质资源。教育部将在专业实训基础条件好、信息化水平高、应用成效明显的区域性虚仿基地的基础上,有组织地指导建设全国示范性虚仿基地。到 2025 年建成 200 个左右全国示范性虚仿基地,带动各地 1000 个左右区域示范性虚仿基地建设,推动职业院校技术技能人才实训教学模式创新。

(七)开展职业教育一流核心课程建设

支持各地结合区域重点产业发展需求,统筹在线课程和线下课程,推进本地区职业教育一流核心课程建设和实施。到 2025 年,围绕现代化产业体系建设需要,以专业核心课程改革为切入点,面向行业重点领域,建成 1000 门左右课程内容符合岗位工作实际并充分纳入新技术、新工艺、新规范,课程设计符合因材施教规律并充分融入课程思政、教学实施符合以学生为中心理念并充分运用数字技术手段、教学评价充分关注学生全面成长的全国性职业教育一流核心课程,引领职业教育"课堂改革",提升关键核心领域技术技能人才培养质量。

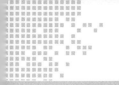
（八）开展职业教育优质教材建设

支持各地在"十四五"职业教育国家规划教材范围内建设 2000 种左右全国性职业教育产教融合优质教材。优质教材建设将重点面向战略性新兴产业、先进制造业、现代服务业、现代农业等领域,深化产教融合、协同育人,科学严谨、内容丰富、形态多样、反映行业前沿技术,鼓励行业牵头或行业、企业、学校等共同开发。到 2025 年,通过建设和宣传推介,大幅提升优质教材的影响力和选用比例,有效发挥优质专业课程教材的示范辐射作用。

（九）开展职业教育校企合作典型生产实践项目建设

支持各地组织校企共同开发 200 个全国性典型生产实践项目,引导学生在真实职业环境中学习应用知识和职业技能。校企合作典型生产实践项目建设要基于企业真实生产过程,融入行业最新技术和标准,充分体现新技术、新工艺、新规范以及深度运用数字技术解决生产问题的能力。到 2025 年,通过分批部署、持续建设,扩大优质资源共享,力争形成以企业典型生产实践项目为载体的职业教育教学模式新突破,有效提升人才培养针对性和适应性。

（十）开展具有国际影响的职业教育标准、资源和装备建设

支持各地立足区域优势、发展战略和产业需求,围绕"教随产出、产教同行",建设和推出由我国职业学校牵头开发,业内领先、基础良好、产教融合特征显著、具有较高国际影响力和认可度的 30 个左右职业教育标准(包括但不限于专业、教学、课程、实习实训、教学条件、师资、培训、校企合作等方面的省级或学校标准),100 个左右优质教学资源(包括但不限于教材、课程资源、教学项目、案例、培训资源、数字化资源或平台、专业建设一体化解决方案等),20 个左右专业仪器设备装备(包

括但不限于设备装备、教辅设备、生产线装备、AI 或 VR 设备)。到 2025 年,形成一批具有较高国际影响力的职业教育标准、资源和装备体系,持续打造中国职业教育国际化品牌,建立职业教育国际化品牌项目培育、发展和推广机制,提升中国职业教育国际影响力和竞争力。

(十一)建设具有较高国际化水平的职业学校

各地各校要坚持"教随产出、产教同行",立足学校骨干(特色)专业,"走出去"和"引进来"双线发展并有所侧重,引进国外优质职业教育资源,扩大来华留学和培训规模,做强若干中国职业教育国际合作品牌,有组织地打造具有中国特色的职业教育境外办学项目、海外职业技术学院和海外应用技术大学,培养一批适应国际化教学需要的职教师资,培养一批服务中国企业海外发展的本土化技术技能人才,整体提升职业学校国际化水平。到 2025 年,分三批支持 300 所左右的有中国特色、较高国际化水平的职业学校。

二、推进机制

(一)自主建设

各重点任务建设指南将在现代职业教育体系改革管理公共信息服务平台(网址:http://zj. chinaafse. cn/,以下简称管理平台)予以公布。各地要积极组织有关政府部门、学校、企业、产业园区承接重点任务,明确各重点任务牵头建设单位(以下简称建设单位),根据各重点任务建设指南的要求,整合教育产业政策资源、形成建设方案(含年度绩效目标)并上传管理平台,自主开展建设,接受监督调度。各项目咨询联系人及联系方式见附件。

（二）统筹推进

各地要强化省级统筹，将重点任务建设情况纳入深化现代职业教育体系建设改革工作中整体部署，落实对职业教育工作的统筹规划、综合协调、宏观管理，会同相关部门加强工作指导、协调支持经费、加大政策供给，每年总结工作进展，定期向省级党委教育工作领导小组报告。

（三）考核激励

教育部通过管理平台对各地重点任务建设情况进行过程管理，定期采集绩效数据，每年通报工作进展。各地重点任务建设情况将作为遴选职业教育改革成效明显地方、"双高计划"建设、"双优计划"建设、现代职业教育质量提升计划资金分配和国家新一轮重大改革试点项目布局的重要依据。教育部政府门户网站将开辟"职业教育体系建设改革"专栏，及时宣传各地各校典型经验。

三、时间安排

（一）2023 年 7 月 30 日起，各建设单位可登录管理平台进行单位注册登记，按照各重点任务的时间节点和工作要求，填报相关数据信息，上传建设方案（含佐证材料）。各地要通过管理平台及时审核推荐，并按程序报至教育部（职业教育与成人教育司）。

（二）自 2023 年起，每年 12 月 15 日前，各建设单位要通过管理平台填报绩效数据，撰写并上传年度工作报告。各地要对各建设单位年度建设成效进行考核评价，分任务撰写并上传省级总结报告。

附件：重点任务咨询联系人及联系方式

教育部办公厅

2023 年 7 月 7 日

附件：

重点任务咨询联系人及联系方式

序号	重点任务	联系人及联系方式
1	打造市域产教联合体	教育部职业教育与成人教育司 卢昊　010-66097741
2	打造行业产教融合共同体	教育部职业教育与成人教育司 王宁　李恒　010-66097867
3	建设开放型区域产教融合实践中心	教育部职业教育与成人教育司 刘青宜　李恒　010-66097867
4	持续建设职业教育专业教学资源库	教育部职业教育与成人教育司 刘仁有　弋凡　010-66097837
5	建设职业教育信息化标杆学校	教育部职业教育与成人教育司 刘仁有　弋凡　010-66097837
6	建设职业教育示范性虚拟仿真实训基地	教育部职业教育与成人教育司 袁怡　弋凡　010-66097837
7	开展职业教育一流核心课程建设	教育部职业教育与成人教育司 李宇辉　邱懿　010-66096810
8	开展职业教育优质教材建设	教育部职业教育与成人教育司 陆海峰　邱懿　010-66096810
9	开展职业教育校企合作典型生产实践项目建设	教育部职业教育与成人教育司 廖波　邱懿　010-66096810
10	开展具有国际影响力的职业教育标准、资源和装备建设	教育部职业教育与成人教育司 王坚　邱懿　010-66096810
11	建设具有较高国际化水平的职业学校	教育部职业教育与成人教育司 孙永明　李红东　010-66097857
12	管理平台技术人员及联系方式:刘艳苹　010-66091041/66091042	

附录 3　加快推进现代职业教育体系建设改革 11 项重点任务建设指南

重点任务一：打造市域产教联合体

教育部办公厅关于开展市域产教联合体建设的通知

教职成厅函〔2023〕15 号

各省、自治区、直辖市教育厅(教委)，新疆生产建设兵团教育局：

为深入学习贯彻党的二十大精神，落实中共中央办公厅、国务院办公厅印发的《关于深化现代职业教育体系建设改革的意见》，决定启动市域产教联合体创建工作。现将有关事项通知如下。

一、工作目标

坚持以教促产、以产助教，深化产教融合、产学合作，充分发挥政府统筹、产业聚合、企业牵引、学校主体作用，以产业园区为基础，打造一批兼具人才培养、创新创业、促进产业经济高质量发展功能的市域产教联合体。2023 年底前建设 50 家左右，2024 年底前再建设 50 家左右，到 2025 年共建设 150 家左右的市域产教联合体。

二、条件要求

1.产教资源相对集聚。联合体依托的产业园区总产值在本省份位于前列,主要以先进制造业、现代服务业、现代农业等为核心主导产业,加快发展新一代信息技术、生物技术、新能源、新材料、高端装备、新能源汽车、绿色环保以及航空航天、海洋装备等战略性新兴产业。联合体职业教育资源富集,涵盖中职、高职(含职教本科)学校,吸纳普通本科学校作为成员,搭建联合体人才供需信息平台,建设产教融合实训基地,校企共建产业学院,促进教育链、人才链与产业链、创新链紧密结合。

2.组织治理机制完备。教育部门会同发展改革、工业和信息化、财政、人力资源社会保障、国资等部门建立密切配合、协调联动的工作机制,打造政府、行业、企业与学校四方协同的命运共同体。联合体内各类主体协同配合,成立政府、企业、学校、科研机构等多方参与的理事会(董事会),达到产权明晰、组织完备、机制健全、运行高效的实体化运作要求。

3.人才培养取得突破。龙头企业深度参与职业学校专业规划、人才培养标准、教材课程开发、师资队伍建设等各个环节,并取得实际成效。积极探索高技能人才培养的新模式,广泛开展校企联合招生、联合培养、岗位成才的中国特色学徒制,普遍接收职业院校学生开展实习实训和教师岗位实践。支持联合体内中职、高职高专、本科学校合作分段培养或贯通培养,鼓励普通本科学校招收符合条件的中高职毕业生和企业一线优秀员工就读本科和专业学位研究生教育。

4.有效服务产业发展。联合体建设共性技术服务平台,打通科研开发、技术创新、成果转移链条,为园区企业提供技术咨询与服务,促进技术创新、工艺改进、产品升级,解决企业实际生产问题。联合体制定培训规划,统筹各成员单位的培训资源和需求,支持联合体内院校积极承接企业员工的岗前培训、岗位培训和继续教育,鼓励面向社会开展技术技能培训服务。

5.保障条件切实到位。加大财政经费支持力度,吸引社会资本、产业资金投入,支持职业教育重大建设和改革项目;明确支持职业教育的金融、财政、税费、土地、信用、就业和收入分配等激励政策的具体举措,落实落地见效果;树立结果导向的评价方向,对优秀的职业学校、校长、教师、学生和技术技能人才按照国家有关规定给予表彰奖励。

三、组织实施

1.园区申报。以产业园区为基础组织申报,空间组织紧凑、经济联系紧密的城市群可以一个园区名义进行申报。明确市域产教联合体的牵头单位,包括产业园区所在地政府(管委会)、牵头学校、牵头企业。申报单位对照市域产教联合体建设指标(附件 1),结合自身情况向省级教育行政部门进行申报,申报内容应体现已有基础和建设承诺。

2.省级推荐。各省级教育行政部门在园区自愿申报的基础上,采取多种形式对申报材料进行核实,确保相关材料准确真实,组织填写市域产教联合体推荐书(附件 2)和推荐名单汇总表(附件 3)。每个省份推荐不超过 3 家,请于 2023 年 5 月 29 日前将申报材料纸质版、电子版(以刻录光盘形式)一并报送教育部(职业教育与成人教育司)。

3.建设培育。我部将组织对申报材料进行审查,视情组织实地考察,遴选确定首批市域产教联合体培育名单。我部将建立信息采集平台,对市域产教联合体建设情况进行监测。2024 年初,对第一批产教联合体培育单位进行验收,验收情况作为遴选职业教育改革成效明显地方、"双高计划"建设、现代职业教育质量提升计划资金分配的重要依据。通过验收的联合体,如发生解散、撤销或其他重大变动、重大违规行为,将取消相关资格和政策支持。

联系人及电话:教育部职业教育与成人教育司

卢　昊:010－66097741

邮寄地址:北京市西城区大木仓胡同 37 号教育部职业教育与成人

教育司

附件:

1.市域产教联合体建设指标

2.市域产教联合体推荐书

3.市域产教联合体推荐名单汇总表

教育部办公厅

2023 年 4 月 18 日

重点任务二:打造行业产教融合共同体

行业产教融合共同体建设指南

行业产教融合共同体(以下简称"共同体")是由龙头企业和高水平高等学校、职业学校(含中职学校、高职专科学校和本科层次职业学校,下同)牵头,联合行业组织、学校、科研机构、上下游企业等共同组建的,跨区域汇聚产教资源,能够有效促进产教布局高度匹配、服务高效对接、支撑全行业发展的产教融合新型组织形态。

一、建设单位

共同体建设单位包括牵头单位和参与单位,要求如下。

(一)牵头单位

共同体由一家行业龙头企业牵头组建,联合一所高水平高等学校、一所职业学校牵头建设,发挥各建设主体作用,推动产教全要素融合。牵头企业应在所属行业有重要影响力和话语权,能够统筹行业产业资源,并在共同体内切实起到统筹、牵头作用,鼓励中央管理企业、中国500强企业、产教融合型企业等牵头组建。牵头高水平高等学校的优势学科应与共同体行业领域相符,有明确的科技攻关方向和团队,有硕士学位、博士学位授予权。牵头职业学校的特色专业(群)应与共同体行业领域相符,人才培养质量高,设有独立的社会培训机构或继续教育机构,广泛开展各类培训。

(二)参与单位

根据产业链上下游分布和教育资源布局,跨区域广泛吸收相关行业组织、学校(含职业学校和普通高等学校)、科研机构、上下游企业等单位参与建设。共同体参与单位要主动开放资源、对接需求,积极承担建设任务,实质性参与共同体建设。

二、建设任务

(一)建立健全实体化运行机制。共同体要建立领导小组(理事会或董事会),商定建设方案,明确组织架构和职责分工,召开成立大会,审议通过共同体章程。要建立规范合理的利益共享机制等,明晰责权分配,保障各方权益。要配备数量充足、结构合理的专兼职人员,负责日常工作。

(二)构建产教供需对接机制。共同体每年要组织工作专班,通过政策研究、调查问卷、走访调研、大数据分析等多种形式,开展行业发展趋势、人才需求情况等方面的调研,并于每年第一季度期间完成行业发展分析报告(模板见附件1)、行业人才需求预测报告(模板见附件2)和行业人才供需清单、技术供需清单(模板见附件3)的编制与发布,指导相关学校和职业培训机构开展工作,促进产教供需高效对接。

(三)联合开展人才培养。共同体要将提升人才培养质量置于首要位置,深入推进校企协同育人,畅通技术技能人才成长通道。依据产业链分工对人才的要求,校企联合招生,开展委托培养、订单培养和学徒制培养,实施现场工程师专项培养计划,推动人才培养模式创新。共同体内实行校企师资互兼互聘,共建共享高水平"双师型"教师队伍。共同体内企业招工要向共同体内学校倾斜,加大实习和就业岗位供给。共同体内学校要开放培训机构和继续教育机构,面向行业企业员工开展岗前培训、岗位培训和继续教育。支持共同体内高水平高等学校招收具有工作经历的共同体内职业学校毕业生和企业一线优秀职工,攻读本科、专业学位研究生,提升学历层次。

(四)协同开展技术攻关。共同体要建立健全协同创新机制,校企联合打造科研攻关团队,深入生产一线,瞄准产业需求,调研征集企业实际面临的生产性和技术性难题,校企系统解决问题。支持职业学校在关键共性技术攻关中发挥"中试车间"的作用。共同体建设单位要加大经费投入,共建技术创新中心、产学研用协同创新平台和重点实验室等,产出一批前沿领域的创新成果,服务行业企业技术改造、工艺改进、产品升级,提升服务水平。

(五)有组织开发教学资源。共同体要组建高水平教科研队伍,对标产业实际和发展需要,结合人才培养、专业建设和技术攻关实际,将产业应用的工艺、技术融入教学实践,开发专业核心课程、实践能力项目;发挥学校专业优势和企业的技术优势,跟踪行业新技术、新工艺、新方法、新标准,研制优质教学装备并推广应用。

(六)强化支持保障力度。共同体各建设单位要制定支持共同体建设的专项政策,保障和促进共同体发展。共同体内企业要发挥技术优势和平台优势,把共同体工作纳入企业发展规划和年度考核。共同体内学校要促进科技创新与产业深度融合,为共同体提供有力的人才和技术支撑。

共同体每年第一季度期间完成年度工作计划,每年 12 月 15 日前完成年度总结报告(模板见附件 4),分别上传管理平台(网址:http://zj.chinaafse.cn/,下同)。

三、监测指标

(一)全方位整合产教资源,重点考核共同体建设单位优质多元以及跨省域分布情况。

(二)构建产教供需对接机制,重点考核行业发展分析报告、行业人才需求预测报告、人才供需清单和技术供需清单编制发布是否及时,内容是否客观、全面。

(三)联合开展人才培养,重点考核委托培养、订单培养、学徒制培养学生规模,校企师资互聘情况,共同体内企业接受共同体内学校毕业生就业人数以及培养人才在本行业内就业人数;职业学校面向行业企业员工开展岗前培训、岗位培训和继续教育规模;共同体内普通高校录取共同体内职业学校毕业生和企业一线在职员工就读本科或专业学位研究生人数。

(四)协同开展技术攻关,重点考核共同体内资金投入和技术创新中心建设情况;服务行业企业技术改造、工艺改进、产品升级项目数,取得的技术创新成果情况,技术供需清单的承接完成数。

(五)有组织开发教学资源,重点考核校企结合生产实践、人才培养和技术服务实际,联合开发专业核心课程、实践能力项目数量,教学装备研制及推广情况。

(六)强化支持保障力度,重点考核共同体建设单位专项支持政策制定情况。

四、工作流程

各共同体根据工作要求和筹备情况,由牵头企业负责统筹产教资源,在管理平台进行账号注册,并在"行业产教融合共同体"模块填写信息数据、上传相关佐证材料,形成《行业产教融合共同体申报书》(详见附件5),加盖各牵头单位和推荐省份(可选牵头企业或牵头高水平高等学校或牵头职业学校所在省份)的省级教育行政部门公章后,通过管理平台上传,经省级教育行政部门审核后报至教育部(职成司)。中央管理企业集团总部注册填报的,可联系教育部职业教育与成人教育司(010－66097867)直报。

五、时间安排

共同体注册填报时间:2023 年 7 月 30 日—10 月 31 日,2024 年起每年的 1 月 1 日—10 月 31 日。

共同体绩效数据采集时间:2023 年起每年 11 月 1 日—12 月 15 日。

附件:

1. 行业发展分析报告(提纲)
2. 行业人才需求预测报告(提纲)
3. 行业人才供需清单、技术供需清单(模版)
4. 行业产教融合共同体年度总结报告(提纲)
5. 行业产教融合共同体申报书

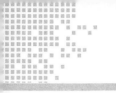

重点任务三:建设开放型区域产教融合实践中心

开放型区域产教融合实践中心建设指南

一、建设单位

开放型区域产教融合实践中心(以下简称实践中心)分为学校实践中心、公共实践中心、企业实践中心。学校实践中心的建设单位一般为职业学校(含中职学校、高职专科学校和本科层次职业学校,下同)。公共实践中心的建设单位一般为各级政府行政部门。企业实践中心的建设单位一般为企业。

二、基础条件

(一)聚焦重点领域。实践中心要对接国家战略性新兴产业和区域支柱产业,服务产业应纳入"十四五"地方国民经济和社会发展规划重点领域。

(二)建设基础良好。实践中心应具有良好的基础条件,占地面积、建筑面积、设备数量、实训工位应满足使用要求;专业技术人员、管理人员数量充足、结构合理;开放运营经验丰富;相关工艺、材料、设备具有先进性。

(三)运行管理规范。建设单位能为实践中心的管理运营、设备维护更新、基础耗材等提供必要的经费和人员投入。实践中心管理机构和制度健全,建立了成本分担机制,能充分调动各类主体参与的积极性,保障可持续发展。

（四）提升产出效益。实践中心要持续加强在人才培养、社会培训、技术服务方面的功能建设,可支持校企围绕生产经营过程中的关键问题开展协同创新,聚焦行业紧缺高技能人才开展联合培养,可以产生支撑区域产业和经济社会高质量发展的突出成果。

三、重点任务

（一）学生实习实训。实践中心要按照开放多元、协同运营的建设理念,有组织地面向职业学校学生、普通高校学生和未就业毕业生开展实习实训。要加强实习实训教学指导,按照办学特色和专业实际制订实习实训方案,开发实训课程和教材,将行业新技术、新工艺、新规范以及企业真实生产项目或典型生产案例引入实践教学过程。

（二）社会培训。实践中心要持续提升培训供给能力,积极承接政府、行业、企业组织的职业技能培训。要紧贴市场需求开发培训项目,推动培训链和产业链有效对接。要加强职业技能培训标准化建设,及时对外发布培训标准和课程方案。各地要统筹经济效益和社会效益,加快建立实践中心市场化运营机制,增强实践中心"自我造血功能"。

（三）技术服务。实践中心要通过承担企业横向课题的方式,有组织地开展产品中试、工艺改进、技术研发等技术服务。要组织共同建设单位围绕国家和区域重点战略以及企业生产经营过程中的关键问题,聚焦基础工艺和技术应用等瓶颈短板,加大重要产品攻关力度,打通创新链和产业链精准对接"最后一公里"。

四、运营机制

（一）实践中心能够吸引各类学校、行业、企业广泛参与,采用理事会、用户委员会等治理模式,形成共建共管的组织架构。

(二)实践中心每年第一季度期间要完成实践中心年度开放运营计划(模板详见附件1)编制,发布实践中心培训及技术服务支持、企业培训及技术服务需求"两张清单",严格按照运营计划做好对外开放和技术服务工作,每年12月15日前完成实践中心年度运营报告(模板详见附件2)编制,公开发布并接受社会监督。

五、监测指标

(一)主要监测指标包括对外开展学生实习实训,实训课程和教材开发,面向企业开展培训,横向技术服务,科技成果奖项情况等。

(二)建设单位为中等职业学校的学校实践中心重点考核:实训课程和教材建设数,培训服务收入。

(三)建设单位为高等职业学校的学校实践中心重点考核:培训服务收入,开展横向企业技术服务收入,地市级以上科技成果奖项。

(四)公共实践中心和企业实践中心重点考核:对外开展学生实训总人数,实训课程和教材建设数。

六、工作流程

各实践中心建设单位根据工作要求,在现代职业教育体系改革管理公共信息服务平台(网址:http://zj.chinaafse.cn/,以下简称管理平台)的"开放型区域产教融合实践中心"栏目中填写数据信息、上传佐证材料,形成《开放型区域产教融合实践中心申报书》(详见附件3),加盖建设单位和省级教育行政部门公章后,通过管理平台报至教育部(职成司)。

七、时间安排

实践中心注册填报时间:2023 年 7 月 30 日—10 月 31 日;2024 年以后每年的 1 月 1 日—10 月 31 日。

实践中心年度绩效数据采集时间:2023 年起每年 11 月 1 日—12 月 15 日。

附件:

1.开放型区域产教融合实践中心年度开放运营计划(提纲)

2.开放型区域产教融合实践中心年度运营报告(提纲)

3.开放型区域产教融合实践中心申报书

重点任务四:持续建设职业教育专业教学资源库

职业教育专业教学资源库建设指南

一、建设单位

职业教育专业教学资源库(以下简称资源库)建设单位(包括主持单位和参与单位)要求如下。

1.主持单位

资源库的主持单位为独立设置的职业学校(含中等职业学校、高职专科学校、本科层次职业学校)。每个资源库主持单位不超过 3 家。

第一主持单位总体负责资源库的建设规划、应用推广及维护管理等工作，是资源库内容审核的第一责任单位。

2. 参与单位

资源库的参与单位可以为职业学校、普通高校、行业、企业和科研院所。参与单位要发挥优势、积极参与，主动作为、密切配合，实质性参与资源库建设。

二、基础条件

1. 资源建设有基础。主持单位已有数量充足、质量可靠的资源沉淀，且具备持续更新能力。资源内容丰富、形式多样，满足教育教学需求。

2. 平台支撑有保障。主持单位已有相关技术平台，进行资源库资源的上传、存储、传播、运维和更新。平台符合物理安全、网络安全、数据安全和规范管理要求，具备资源库建设、管理、教学、学习、分析、教研等功能，能够接入国家或本省智慧教育平台并纳入运行监测。

3. 应用服务有成效。主持单位申报的资源库运行时间不少于1学年，注册用户有一定规模且活跃度较高，能够提供资源检索、信息查询、资料下载、教学指导、学习咨询、考试评价、就业支持、社会培训等服务。

4. 项目团队有条件。主持单位的项目团队在相应专业领域有专长、有建树。团队分工明确、制度健全、协作有序、执行力强。参建单位均承担具体的建设和应用推广任务。

三、建设思路

资源库定位于"能学、辅教、促改"，服务技术技能人才培养培训。

"能学"指各类学习者均可以通过资源库自主进行系统化、个性化学习。"辅教"指教师可以利用资源库灵活组织教学和培训内容、辅助教学实施。"促改"指职业学校利用资源库推动数字化时代学习方式的变革和课程建设改革,创新更加个性化、精准化、定制化的教学方式。

资源库按照"需求牵引、应用为王、服务至上"的基本原则,遵循"一体化设计、结构化课程、颗粒化资源、多场景应用"的建构逻辑。"一体化设计"是指资源库建设要对标专业、对应产业,围绕专业人才培养目标,统筹资源建设、平台设计以及共建共享机制的构建,形成整体系统的顶层设计;"结构化课程"是指资源库的标准化课程要纳入专业人才培养方案,覆盖专业核心课程、专业基础课程,满足线上线下混合教学的需要;"颗粒化资源"是指库内资源的最小单元须是独立的知识技能点或完整的媒体素材,便于用户学习和组课;"多场景应用"是指资源库要引入学习助手、数字教师等新技术,建立多样化的应用场景,满足不同群体用户的多样化学习需要。

资源库按照"自主建设、省级统筹、遴选入库、择优支持、边建边用、过程监测、持续应用"的方式开展,全国性资源库主要面向专业布点多、学生数量大、行业企业需求迫切的专业领域,区域性资源库主要面向区域产业需要、具有行业特色的专业领域,避免同质化重复建设和低水平盲目建设。

四、建设任务

资源库应围绕 1 个核心专业开展建设,服务专业不超过 5 个。任务包括必选内容和自选内容两部分。

(一)必选内容

1.专业人才培养方案。遵循职业教育、技术技能人才成长和学生身心发展规律,对接国家专业教学标准,引入新方法、新技术、新工艺、新标准,研制对接产业需求的专业人才培养方案,明确培养目标、课程设置、学时安排、实践环节、毕业要求等内容。人才培养方案由项目主持单位组织参建单位共同研制,需在资源库首页展示。

2.专业课程体系。依据 2022 年 9 月教育部发布的《职业教育专业简介》,科学分解专业人才培养目标的知识、能力和素质规格要求,系统设计专业核心课程体系及其教学内容,构建基于知识图谱的可视化课程体系框架,明确课程必须掌握的知识点、技能点及对应的职业岗位。资源库要覆盖全部专业核心课程,兼顾必要的专业基础课程。

3.课程教学资源。开发类型多样的优质数字化教学资源,文本类和图形(图像)类资源数量占比不超过 30%,原创资源占比不低于70%,资源库每年更新比例不低于 10%。鼓励合理运用视频类、动画类、虚拟仿真类等资源创设教学场景,解决教学重点和难点问题。建立课程素材的技术规范,统一命名规则,标注含有专业名称、课程名称、知识(技能)名称、是否原创等属性字段。探索推进开源课程建设,实现优质课程资源共建共享、均衡普惠。

4.评测考核资源。每门专业核心课程均需建立试题库,题库中的试题应覆盖课程标准所规定的全部教学内容,适当减少客观题型,增加综合实践能力的题型。鼓励改革考核评价方式,根据岗位人才标准和要求,联合企业共同研制职业能力考核评价标准,开发职业能力考核评价试题,开展职业能力训练和测试。

5.资源审核机制。健全完善资源审核机制,依据《中华人民共和国网络安全法》《网络音视频信息服务管理规定》《出版管理条例》《网络视听节目内容审核通则》《网络短视频内容审核标准细则》《图书、期刊、音像制品、电子出版物重大选题备案办法》《地图审核管理规定》《互联网出版管理暂行规定》等法律法规和政策文件,加强资源的政治性、科学性、适用性、规范性审核,确保资源政治导向、价值取向、审美导向正确,内容真实、客观科学。

6. 应用推广机制。参与资源库建设的学校要引导师生在专业教学、实习实训、技能培训、生产现场和日常生活等场景中积极使用资源库，推动专业教学改革，提高教育教学效率和质量，尤其是主持或参与学校的相关专业师生的应用覆盖面不低于 80％，满意度不低于 90％；要积极为其他职业学校、普通高校、行业、企业、科研院所和社会学习者提供服务，实现优质资源共享，扩大优质资源受益群体覆盖面。

7. 安全保障机制。资源库平台在物理安全、网络安全、主机安全、应用安全、数据安全、管理要求等方面，不低于《信息安全等级保护管理办法》规定的信息系统安全等级保护（三级）基本要求。

（二）自选内容

1. 数字化教材。鼓励围绕专业核心课程体系，联合企业共同开发契合真实生产的融媒体教材或新型活页式数字化教材，探索数字化出版，融合视频、动画、AI、VR 等技术于一体，使用户的阅读立体化、趣味化、互动化、个性化。

2. 特色培训项目。鼓励面向企业在职员工及社会学习者，联合企业共同开发满足行业、企业需求的培训项目，融入企业的前沿生产技术和真实案例，开发培训包、培训手册等特色培训资源，开展技术技能培训，助力提升技术技能水平和企业可持续发展能力。

3. 虚拟教学团队。鼓励资源库主持单位广泛联合本专业领域内综合实力强、特色鲜明的职业院校，全国性行业组织和代表行业先进水平的企业，组建基于资源库平台的动态开放、跨校跨区域的虚拟教学团队，探索突破时空限制、高效便捷、形式多样的集体备课、研讨等教研活动，全面提升教师数字化教学能力，培育一批数字化专业教学研究和实践成果，引领带动本专业领域教育教学改革创新。

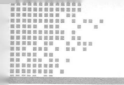

四、监测指标

在资源库基础数据采集的基础上,重点关注资源建设、平台功能、应用推广、特色创新和安全保障5个监测维度。

1.资源建设方面,既关注资源库建设内容的完整度和架构的系统性,也关注资源建设的数量、质量、更新情况。资源的数量方面关注课程门数、数字资源量等;质量方面关注资源的政治性、科学性和丰富性;更新方面关注资源的更新频率和新技术、新工艺、新规范引入情况。

2.平台功能方面,重点关注多格式上传、高质量审核、个性化使用、开放性评价等管理功能,灵活组课、自由选课、智能搜索、在线交互等教学功能,自主学习、讨论交流、即时反馈、考试评价等学习功能,个性定制、智能推荐、资源应用分析、教学行为分析等增值功能。

3.应用推广方面,重点关注资源库的校本、校校、校企和跨省的推广应用,受益人群和覆盖面,学习使用激励机制建设情况等3个方面。

4.特色创新方面,重点关注建设单位立足区域产业、行业特色、院校优势和应用创新等方面。

5.制度保障方面,重点关注资源库建设和应用方面出台的有关制度文件情况,是否发生意识形态、师德师风、违法违纪、网络安全等一票否决情况。

五、组织实施

主持单位对照资源库基础条件、建设任务,在"现代职业教育体系改革管理公共信息服务平台"(网址:http://zj. chinaafse. cn/,以下简称"管理平台")进行账号注册,并在"职业教育专业教学资源库"模块填写信息数据、上传相关佐证材料,形成《专业教学资源库建设任务书》

（详见附件1），报省级教育行政部门审核同意后，将加盖建设单位和省级教育行政部门公章的《建设任务书》PDF版通过管理平台上传，无须寄送纸质版。

省级教育行政部门要组织省内职业院校积极参与，按照指南要求对项目进行审核把关，对符合要求的项目加盖公章，待学校上传PDF版后登录管理平台完成审核程序并提交至教育部职业教育与成人教育司。

原203个国家级专业教学资源库主持单位如有建设意愿，均需重新注册申报。

六、时间安排

资源库注册填报时间：2023年8月11日—8月31日，2024年起每年的1月1日—8月31日。截止时间前省级教育行政部门需在管理平台完成审核程序并确认提交。

资源库绩效数据采集时间：2023年起每年11月1日—12月15日。建设单位应及时登录管理平台查看有关通知。

附件：

1.职业教育专业教学资源库任务书

2.职业教育专业教学资源库监测指标

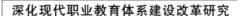

重点任务五:建设职业教育信息化标杆学校

职业教育信息化标杆学校建设指南

一、建设单位

职业教育信息化标杆学校(以下简称标杆校)的建设单位为独立设置的职业学校(含中等职业学校、高职专科学校、本科层次职业学校)。

二、基础条件

1.建设基础良好。建设单位的信息基础设施较为完善,有明确清晰的数字化转型发展战略规划,有可观测的数字校园建设目标和举措。

2.应用场景丰富。在师生发展、数字资源、教育教学、管理服务、支撑条件、网络安全和组织体系等方面的应用场景丰富,在数字校园建设和应用上有特色亮点。

3.积极参与试点。积极参与职业院校数字校园建设试点,对接"全国职业教育智慧大脑院校中台"且已开始数据上报。

4.具备数治基础。在打破"信息孤岛"、破除数据壁垒和数据采集、汇聚、分析等方面有一定的实践探索,有推进数字治理的机制。

5.服务贡献明显。数字赋能专业转型升级和人才培养改革有成效,积极参与"国家职业教育智慧教育平台"(以下简称国家智慧职教平台)建设,持续提供优质数字化资源。

三、建设任务

1.丰富拓展应用场景。聚焦差异化教、个性化学、精准化管、智能化评、虚拟化研等现实需要,加大智慧校园、智慧教室、虚拟仿真实训中心、智慧图书馆等建设力度,打造在线学校空间,完成师生发展、教育教学、管理服务等应用场景的开发与建设。

2.扩大优质资源供给。开发内容丰富、形式新颖,具有高可靠性、高可用性的数字化教学资源,积极向国家智慧职教平台提供优质数字化教育资源。

3.赋能教学与评价改革。在课堂教学、实习实训、辅导答疑、课后服务、教师培训等工作中,广泛使用国家智慧职教平台提供的优质资源,加强数字教育环境下的教学研究,开展精准评价、诊断、改进,推动教育教学多元化、多样化,以数字技术推动教育教学和教育评价改革创新。

4.提高数据治理能力。根据教育部信息中心印发的《全国职业教育智慧大脑院校中台高职数据标准及接口规范》《全国职业教育智慧大脑院校中台中职数据标准及接口规范》(附件1),接入"全国职业教育智慧大脑院校中台",并持续开展数据交互。根据教育部信息中心印发的《职业院校大数据中心建设指南》(附件2)建设校本数据中心,涵盖职业学校基本办学条件、专业设置、课程开设、学生信息、教师信息、企业信息等基础数据,打造校本综合平台,强化数据无感采集、全量汇聚、智能分析能力,提升数据治理能力和水平。

四、监测指标

建设单位按照《职业教育信息化标杆学校监测指标》(附件3)的要

求，依托信息技术，实现以下目标。

1.师生发展方面。学生能及时获取学习目标、学习进度、综合评价、就业服务信息等内容；教师能个性化地参与教师发展活动、获取个性的发展评价和指导。

2.教育教学方面。学生能够在线上开展自主学习、实习实训和处理学习事务，教师能够在线上开展教学管理、参与教研活动。

3.管理服务方面。完成一站式服务大厅建设，具备统一身份认证和一卡通服务功能，可以为师生工作学习生活提供服务。

4.网络安全方面。校园网络运维与安全管理、数字化教学环境管理、校园安全及能源管理科学高效。

五、组织实施

建设单位对照标杆校基础条件、建设任务，在"现代职业教育体系改革管理公共信息服务平台"（网址：http://zj. chinaafse. cn/，以下简称"管理平台"）进行账号注册，并在"职业教育信息化标杆学校"模块填写信息数据、上传相关佐证材料，形成《信息化标杆学校建设任务书》（附件4），报省级教育行政部门审核同意后，将加盖建设单位和省级教育行政部门公章的《建设任务书》PDF版通过管理平台上传，无须寄送纸质版。

省级教育行政部门要组织省内职业院校积极参与，按照指南要求对项目进行审核把关，对符合要求的项目加盖公章，待学校上传 PDF 版后登录管理平台完成审核程序并提交至教育部职业教育与成人教育司。

六、时间安排

标杆校注册填报时间:2023 年 7 月 30 日—8 月 31 日,2024 年起每年的 1 月 1 日—8 月 31 日。截止时间前省级教育行政部门需在管理平台完成审核程序并确认提交。

标杆校绩效数据采集时间:2023 年起每年 11 月 1 日—12 月 15日。建设单位应及时登录管理平台查看有关通知。

附件:

1.全国职业教育智慧大脑院校中台高职数据标准及接口规范、全国职业教育智慧大脑院校中台中职数据标准及接口规范

2.职业院校大数据中心建设指南

3.职业教育信息化标杆学校监测指标

4.信息化标杆学校建设任务书

重点任务六:建设职业教育示范性虚拟仿真实训基地

职业教育示范性虚拟仿真实训基地项目建设说明

一、建设单位

职业教育示范性虚拟仿真实训基地(以下简称虚仿基地)的建设单位为独立设置的职业学校(含中等职业学校、高职专科学校、本科层

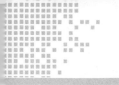

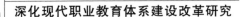

次职业学校）。

二、基础条件

1.具备较好的实训条件。拥有较为充足的实训场地和一定规模的虚拟仿真实训资源、设施设备，能满足虚仿实训教学实施需要。

2.具备较强的教学科研团队。教学科研团队熟悉生产一线岗位实际需求，能将虚拟仿真等信息技术有效应用于教学全过程。

3.具备良好的虚仿技术应用基础。已在实训课程中开展虚仿教学改革探索，面向学生开展了一学期以上的虚拟仿真实训教学，且效果较好。

4.具备规范的管理运行机制。有丰富的项目管理经验，相关工作机制健全，能合理规划虚仿基地建设，并提供充分的政策和资金保障。

三、建设任务

虚仿基地以学校为基本单元开展建设，布局可集中、可分散，服务一个或多个专业（群），旨在通过虚拟现实、人工智能、数字孪生、物联网、大数据等新一代信息技术解决实训教学过程中的"三高三难"问题，提高专业实训教学质量。

1.加强虚拟仿真实训基础设施建设。对现有实训教学场所进行功能升级、环境改造，因地制宜建设与实际岗位操作情景对接的虚拟仿真实训教学场所，配备实训教学必需的设施设备。建设虚仿实训教学管理及资源共享平台，提供资源承载、共享、使用服务，与校本大数据中心对接，实现数据采集、互联互通。

2.开发虚拟仿真教学资源。应用虚拟现实、人工智能、数字孪生、物联网、大数据等信息技术自主开发或校企合作开发各类虚拟仿真实训资源。资源建设与使用应与实际岗位技能和操作标准流程对接、与专业人才培养方案和职业培训方案对接、与实习实训对接,覆盖专业核心课程实训教学中"三高三难"关键技能点,三年年均更新率不低于10％。提倡建设单位自主开发拥有完全自主知识产权的虚拟仿真实训资源。

3.推动专业实训课程创新与重构。校企合作推动虚仿技术与专业实训教学有机融合,共同丰富教学内容、拓展实践领域,建设虚仿实训课程,修订实训课程标准、实训指导书、教学评价标准等。开展虚仿环境下的实训教学方法改革,创新自主学习、探究学习、协作学习等模式,提升实训教学质量,重构虚实结合的实训新生态。

4.打造虚拟仿真实训教学科研团队。校企合作组建专兼结合、信息素养高的虚拟仿真实训教学科研团队(以下简称团队)。开展虚拟现实、人工智能、数字孪生、物联网、大数据等信息技术应用和教学能力、技术技能提升培训,增强团队的信息化素养和教科研能力。建立健全激励机制,引导团队围绕数字化转型、真实生产和实训教学需要,开展纵横向课题研究。

5.构建共建共享共用机制。根据区域重点产业数字化转型需求,以院校为主导,探索校校合作、校企合作、校地合作共建虚仿基地。推动虚仿资源接入国家或省级职业教育智慧教育平台,实现更大范围资源共享。充分利用虚仿基地资源,面向社会开展岗位培训、继续教育、科普、竞赛等服务,扩大虚仿基地影响力。

四、监测指标

主要监测指标包括建设情况、应用情况、示范特色三大类。

1.建设情况主要考核项目建设资金执行(含预算支出执行率等)、管理平台建设(含管理平台规范建设情况等)、虚仿教学资源开发(含资源更新率等)、虚拟仿真实训教学科研团队建设情况(含参加虚拟仿真教学专题培训等)和建设成效(含任务完成度等)五项。

2.应用情况主要考核人才培养成效(含结合虚拟仿真技术优化专业人才培养方案、虚仿基地服务学生考取技能证书情况等)、社会服务成效(含利用虚仿基地开展社会培训成效等)、课程共享使用(含虚拟仿真课程开放共享服务人数等)三项。

3.示范特色为自选指标,主要考核各建设单位典型经验和成效。

五、组织实施

建设单位对照虚仿基地基础条件、建设任务,在"现代职业教育体系改革管理公共信息服务平台"(网址:http://zj.chinaafse.cn/,以下简称"管理平台")进行账号注册,并在"职业教育示范性虚拟仿真实训基地"模块填写信息数据、上传相关佐证材料,形成《职业教育示范性虚拟仿真实训基地建设任务书》(详见附件),报省级教育行政部门审核同意后,将加盖建设单位和省级教育行政部门公章的《建设任务书》PDF版通过管理平台上传,无须寄送纸质版。

省级教育行政部门要组织省内职业院校积极参与,按照指南要求对项目进行审核把关,对符合要求的项目加盖公章,待学校上传 PDF版后登录管理平台完成审核程序并提交至教育部职业教育与成人教育司。

215 个国家级职业教育示范性虚拟仿真实训基地培育项目和已纳入教育部高等学校科学研究发展中心监测范围的 211 个省级职业教育示范性虚拟仿真实训基地项目,按照本次建设要求重新填报任务书。

六、时间安排

注册填报时间:2023 年 8 月 11 日—8 月 31 日;2024 年以后每年的 1 月 1 日—8 月 31 日。截止时间前省级教育行政部门需在管理平台完成审核程序并确认提交。

绩效数据采集时间:2023 年起每年 11 月 1 日—12 月 15 日。建设单位应及时登录管理平台查看有关通知。

附件:职业教育示范性虚拟仿真实训基地建设任务书

重点任务七:开展职业教育一流核心课程建设

2023 年职业教育一流核心课程建设指南

一、建设项目

围绕服务现代化产业体系重点领域需要,结合量大面广专业建设基础,支持各地优先在先进制造业、现代服务业、现代农业等领域,重点建设课程设计和教学内容贴近企业生产实际,融入新方法、新技术、新工艺、新标准的 500 门左右一流专业核心课程,建设范围包括在线课程和线下课程。

二、推荐条件

(一)在线课程推荐条件

1.课程应为 2023 年职业教育国家在线精品课程。

2.课程性质为专业核心课程。

3.课程负责人应具有高级专业技术职务,课程师资团队应包含相关专业领域专家、一线教师、行业企业技术人员等。

(二)线下课程推荐条件

1.课程属于专业核心课程,具有完整的课程标准和教案。

2.课程设计科学,教学目标清晰,内容符合政治性、科学性、先进性、适用性、规范性要求,体现职教特色。

3.课程至少已完成两(学)期教学实践,教学效果较好。

4.教学团队结构合理,师德师风优,教学能力强,团队总人数原则上不超过 4 人。

5.课程负责人应具有高级专业技术职务,同一课程负责人牵头的课程限推荐 1 门。

三、推荐方式

本次建设认定工作全程在网络平台上进行,各省级教育行政部门设管理员账号,并为各校开放平台账号注册。

涉及需填写意见或单位盖章的材料,可下载填写或盖章后上传平台。

四、建设指标

1. 在线课程 350 门左右,以 2023 年职业教育国家在线精品课程为基数,根据各省入选的课程比例,分省测算并确定认定指标(分省发送)。

2. 线下课程 160 门,每省建设认定后报送 5 门,其中中职 2 门、高职(含高职专科和职教本科)3 门。中高职一体化(5 年制高职)课程根据实际情况归入中职或高职类。

五、建设流程

(一)线下课程认定流程

1. 校级推荐(2023 年 8 月 10 日—9 月 12 日):各院校根据推荐条件和建设标准(附件 1),经公示后在网络推荐平台中按时填写推荐书、提交相关证明材料(见附件 2)。

2. 省级认定(2023 年 9 月 13 日—10 月 23 日):各省级教育行政部门组织专家,根据各校推荐情况开展评议,经公示后确定本省拟认定课程,汇总盖章通过平台报送教育部职成司。

3. 组织复核(2023 年 10 月 24 日—11 月底):教育部职成司根据各省认定情况组织专家复核,形成最终认定结果并反馈各省级教育行政部门。

4. 持续建设(2023 年 11 月底—2025 年):教育部职成司、各省级教育行政部门对认定课程进行宣传、推广,通过支持各地持续建设、使用,大幅提升一流核心课程的影响力和使用范围,有效发挥一流核心课程的示范辐射作用。

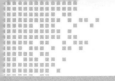

(二)线上课程认定流程

2023 年职业教育国家在线精品课程遴选结束后另行通知。

附件：

1.职业教育一流核心课程建设标准(线下)

2.2023 年职业教育一流核心课程推荐书

3.职业教育一流核心课程证明材料清单

重点任务八:开展职业教育优质教材建设

2023 年职业教育优质教材建设指南

一、建设项目

围绕高素质技术技能人才培养,服务专业改革与发展,重点面向专业核心课程,建设由行业(企业)牵头或行业(企业)、学校共同开发,体现协同育人、彰显类型特色的职业教育产教融合优质教材。支持各地在首批"十四五"职业教育国家规划教材范围内,认定首批 1000 种左右全国性职业教育优质教材。

二、推荐条件

1.推荐教材应为首批"十四五"职业教育国家规划教材名单范围内

教材,名单见《教育部办公厅关于公布首批"十四五"职业教育国家规划教材书目的通知》(教职成厅函〔2023〕19号)附件1和《国家教材委员会关于首届全国教材建设奖奖励的决定》(国教材〔2021〕6号)附件2中职、高职类。

2.推荐教材应为产教融合特征明显的职业教育专业课程教材,包含专业基础课、专业核心课、专业拓展课以及实践性教学环节有关课程等(课程设置分类参考各专业教学标准)。

3.教材主编应在本学科专业有深入研究、较高的造诣,或是全国知名专家、学术领军人物、行业企业专家,具有高级专业技术职务;编写团队应包含相关学科专业领域专家、教科研人员、一线教师、行业企业技术人员和能工巧匠等。

4.教材内容充分反映行业前沿技术,积极体现产业发展的新技术、新工艺、新规范、新标准,呈现形式要新颖、生动活泼、丰富多彩;鼓励和支持以工作分析为依据,以项目、任务、活动、案例等为载体的教材编写方式。

5.同一主编申报优质教材原则上不超过2种,同一编写单位推荐的优质教材原则上不超过8种。

6.各省认定优质教材要兼顾中职、高职专科、职教本科等不同层次教育,支持职业教育新形态、数字化教材的建设与推广。各省认定的优质教材中,专业基础课教材占比不超过30%。

三、推荐方式

本次建设认定工作全程在网络平台上进行,各省级教育行政部门设管理员账号,并为各校开放平台账号注册。

教育部直属高校推荐教材经公示后,报所在省份教育行政部门统一审核认定。

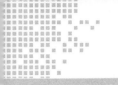

涉及需填写意见或单位盖章的材料,可下载填写或盖章后上传平台。

四、建设指标

以首批"十四五"职业教育国家规划教材为基数,根据各省新申报入选的教材比例,分省测算并确定建设和认定指标(分省发送)。教育部直属高校推荐指标纳入所在省份,不另设指标。

五、建设流程

1. 校级推荐(2023年8月10日—9月12日):各院校进一步深化优质教材建设,根据建设指南,结合首批"十四五"职业教育国家规划教材入选情况组织校内推荐,经公示后在网络推荐平台中按时填报推荐教材相关信息。

2. 省级认定(2023年9月13日—10月23日):各省级教育行政部门组织专家,根据各校推荐情况开展评议,经公示后确定本省拟认定的教材,汇总盖章通过平台报送教育部职成司。

3. 组织复核(2023年10月24日—11月底):教育部职成司根据各省认定情况组织专家复核,形成优质教材最终认定名单并反馈各省级教育行政部门。

4. 宣传推介(2023年11月底—2025年):教育部职成司、各省级教育行政部门对认定教材进行宣传、推广,通过支持各地持续建设、使用,大幅提升优质教材的影响力和选用比例,有效发挥优质专业课程教材的示范辐射作用。

5. 持续建设(2024年—2025年):结合第二批"十四五"职业教育国家规划教材遴选、职业院校教材选用使用监测工作,支持各地开展持续建设,有关工作安排另行通知。

附件:

1.2023 年职业教育优质教材建设标准

2.2023 年职业教育优质教材推荐书

3.2023 年职业教育优质教材推荐指标(分省发送)

重点任务九:开展职业教育校企合作典型生产实践项目建设

2023 年职业教育校企合作典型生产
实践项目建设指南

一、建设项目

围绕战略性新兴产业、现代制造业及现代服务业等领域,充分体现产教深度融合、校企紧密合作,建设一批校企合作典型生产实践项目。项目内容立足校企协同育人,引入企业真实课题和项目,校企共同开发实施实践项目,促进学生在真实职业环境中学习应用知识、技术和技能。2023 年,认定首批 200 个立足产教融合、体现类型特色、适应育人需求的校企合作典型生产实践项目,及时把新方法、新技术、新工艺、新标准引入教育教学实践,推动校企协同育人。

二、推荐条件

推荐项目需为职业院校牵头开发、有关行业企业深度参与的面向职业院校学生的生产实践项目。职业院校与行业企业开展实质性校企协同育人,共同开展专业建设、实习实训、师资建设、质量评价、技术服务、科研攻关等项目,近三年无投诉或不良记录等情况。满足以下六项条件中的三项。

(一)职业院校牵头或参与组建行业性或区域性产教融合职业教育集团(联盟),或其合作企业为省级以上产教融合型企业。

(二)职业院校牵头或参与组建行业产教融合共同体或市域产教联合体。

(三)职业院校近 3 年内与企业开展科技攻关、成果转移转化、技术服务不少于 1 项,且产生良好的经济效益或社会效益。

(四)职业院校与企业合作服务"一带一路"建设和国际产能合作,协同中国企业和中国产品"走出去"取得成效并经省级以上政府有关部门认定。

(五)职业院校能够开展岗位实践管理评价体系改革,能够建立行之有效的评价方法和机制。

(六)职业院校与合作企业共同开发技术技能标准、确定岗位规范,共建技术工艺和产品研发中心等产学研一体化机构。合作企业在中国境内注册成立,参与过有关国家标准或行业标准、团体标准等制(修)订。

三、推荐方式

本次建设认定工作全程在网络平台上进行,各省级教育行政部门设管理员账号,并为各校开放平台账号注册。

涉及需填写意见或单位盖章的材料,可下载填写或盖章后上传平台。

四、建设指标

2023年,首批校企合作典型生产实践项目的建设主体为职业院校,由各省级教育行政部门组织认定报送,各省可报送5—8项。

五、建设流程

1.校级推荐(2023年8月10日—9月12日):各院校根据建设指南组织校内推荐,在网络推荐平台中按时填报推荐项目相关信息。

2.省级认定(2023年9月13日—10月23日):各省级教育行政部门组织专家,根据各校推荐情况开展评议,经公示后确定本省拟认定项目,汇总盖章通过平台报送教育部职成司。

3.组织复核(2023年10月24日—11月底):教育部职成司根据各省认定情况组织专家复核,形成典型生产实践项目最终认定名单并反馈各省级教育行政部门。

4.持续建设(2023年11月底—2025年):加强对项目实施过程的跟踪指导,督促纠偏整改,及时总结产教融合经验、健全体制机制,适时开展第二批建设,推动企业深度参与人才培养方案的制定,校企联合制定人才评价标准。

附件:
1.职业教育校企合作典型生产实践项目建设标准
2.职业教育校企合作典型生产实践项目推荐书

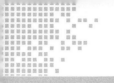

重点任务十：开展具有国际影响力的职业教育标准、资源和装备建设

2023 年具有国际影响力的职业教育标准、资源和装备建设指南

一、建设项目

创新职业教育国际交流与合作机制，加快和扩大教育对外开放，持续推动现代职业教育提质培优及高质量发展。支持各地建设和推出一批基础良好、业内领先、具有较高国际影响力的职业教育标准、资源和装备。项目要求由我国职业教育领域机构牵头制定，体现产教融合特征，突出校企联合开发，经过国（境）外一定周期的实际应用，能够引领职业教育国际交流与合作高质量、规范化、可持续发展，提升中国职业教育国际影响力。

二、推荐条件

（一）具有国际影响力的职业教育标准

主要指专业、课程、实习实训、教学条件、师资、培养培训、校企合作等。

1.推荐单位应为职业学校（也可联合科研院所或企业等共同申报），有实质运行中的国际职业教育合作项目。

2.教育标准应具有明显的产教融合特征，由学校和行业企业共同研制，紧贴相关行业产业需求。

3.教育标准应具备实效性、示范性。符合当地技术标准和教育需求，获得政府、行业、企业、国际组织等多方认可，标准建设引领性强。

4.在国（境）外职业教育和培训领域已被采纳认证和推广应用，有一定的应用实践周期和规模，且应用于一定数量的国家（地区）。原则上近五年内，应有 2 年以上国（境）外应用实践周期。

5.鼓励获得国（境）外政府机构、国际组织或相关行业协会认证，已纳入国（境）外国民教育体系或职业资格框架，或者获得相关国际教育组织、行业协会或国际赛事认定、采纳的有关标准申报。

（二）具有国际影响力的职业教育教学资源

主要指双语或外文教材等教学资源和在线课程、数字化平台等数字化教学资源，以及包含以上各要素的教学资源组合。

1.推荐单位应为职业学校（也可联合科研院所或企业等共同申报），有实质运行中的国际职业教育合作项目。

2.教学资源内容应涵盖技能知识点、成体系且结构合理，能体现国际先进教育教学和课程建设理念，具有较高数字化水平。

3.在国（境）外职业教育和培训领域被采纳和应用，具有一定的学员规模、培训规模、应用实践周期、国家覆盖数等。

4.具备实效性和示范性。教学资源在中外合作办学、人才联合培养、国（境）外办学、留学生培养、国际职教师资培训等项目应用，成效显著。

（三）具有国际影响力的职业教育教学装备

主要指企业及教学使用的仪器、设备等硬件装备、专业软件装备，以及人工智能、虚拟仿真实训室等软硬件一体化教学装备。

1.推荐单位应为职业学校（也可联合科研院所或企业等共同申报），有实质运行中的国际职业教育合作项目。

2.教学装备对标产业发展前沿,融入国际先进职业教育理念。教学装备通过行业组织、国际认证等,在国(境)外政府、学校、行业、企业使用评价良好,满足高素质技术技能人才培养需求。

3.具有明显产教融合特征,原则上应为学校自主研发,或学校和企业共同作为研发主体,学校享有相应的知识产权或所有权(如具有与合作企业签订的校企合作研发设备、装备协议以及相关知识产权授权等)。

4.在国(境)外职业教育和培训领域被采纳和应用,或被国际组织、行业协会、国际赛事采纳。

三、推荐方式

(一)本次建设认定工作全程在网络平台上进行,各省级教育行政部门设管理员账号,并为项目推荐学校开放平台账号注册。

(二)涉及需填写意见或单位盖章的材料,可下载填写或盖章后上传平台。

四、建设指标

每省(区、市)建设和认定标准、装备各不超过 5 个,建设和认定资源不超过 10 个。

五、建设流程

1.校级推荐(2023 年 8 月 10 日—9 月 12 日):各校根据推荐指南组织开展项目建设和推荐,经公示后在网络平台中按时填报推荐标准、资源和装备相关信息。

2.省级认定(2023年9月13日—10月23日):各省级教育行政部门根据各校推荐情况,组织专家开展评议,经公示后确定本省拟认定的标准、资源和装备,汇总盖章通过平台报送教育部职成司。

3.组织复核(2023年10月24日—11月底):教育部职成司组织专家对各省认定的项目进行评议,最终认定首批具有国际影响力的职业教育标准、教学资源和教学装备名单。

4.持续建设(2024年—2025年):结合首批具有国际影响力的职业教育标准、资源和装备建设工作,支持和带动各地开展持续建设,第二批推荐工作安排另行通知。

附件:

1.2023年具有国际影响力的职业教育标准、装备和资源建设标准

2.具有国际影响力的职业教育标准、教学资源、教学装备推荐书

重点任务十一:建设具有较高国际化水平的职业学校

具有较高国际化水平的职业学校建设指南

一、目标任务

创新职业教育国际交流与合作机制,坚持"教随产出、校企同行","走出去"和"引进来"双线发展并有所侧重,持续打造中国职业教育国际化品牌,引领职业教育国际交流与合作高质量、规范化、可持续发展,提升中国职业教育的国际影响力,服务国家外交大局。2023年启动建

设 100 所左右具有较高国际化水平的职业学校。

二、条件要求

教育行政部门批准设立,已办学 3 年以上的职业学校(含中职学校、高职专科学校和本科层次职业学校,下同),具备下列 3 项及以上条件的可申请成为建设单位。

1.有实质运行中的中外合作办学机构或项目,具有较强的合作办学与交流工作基础。

2.国际化发展立足学校骨干(特色)专业,教随产出、校企同行,参与教育部职业教育"走出去"试点项目,开展各级各类境外办学项目;参与建设海外应用技术学院、海外应用技术大学;在服务国际产能合作、"一带一路"倡议等方面具有一定特色,取得良好成效。

3.学生出国留学(交流)和来华留学有一定规模,教师国(境)外访学交流工作有一定基础。

4.主动参与双多边职业教育国际交流合作,依托境外办学项目和机构,在开发国际化职业教育标准、教学资源和教学装备方面有良好的工作基础,具有一定的影响力。

5.建立健全的国际化工作机制,有相对稳定、工作能力较强的国际化服务团队和专业教师队伍。

三、申报流程

1.学校填报(2023 年 9 月 5 日—9 月 25 日):符合条件的学校,在现代职业教育体系改革管理公共信息服务平台(网址:http://zj.chinaafse.cn/,以下简称管理平台)进行注册登记,按时填报相关信息。

2.省级推荐(2023 年 9 月 26 日—10 月 20 日):各省级教育行政部

门对各校填报信息进行核实,根据各校申报情况,组织专家开展评审,经公示后确定推荐学校名单。每省(区、市)推荐不超过 6 所学校,汇总盖章后通过平台报送教育部职业教育与成人教育司。

3.组织评议(2023 年 10 月 21 日—11 月 15 日):教育部职业教育与成人教育司根据各省推荐情况,组织专家进行评议,确定首批具有较高国际化水平的职业学校建设单位。

附件:具有较高国际化水平的职业学校建设单位申报书

参考文献

[1]周建松,陈正江.中国特色高等职业教育话语体系的构建[J].现代教育管理,2019(1):67-73.

[2]贺灿飞.高级经济地理学[M].北京:商务印书馆,2021.

[3]刘斌,邹吉权,刘晓梅.职业教育产教融合的逻辑起点与应然之态[J].中国高教研究,2017(11):106-110.

[4]陈年友,周常青,吴祝平.产教融合的内涵与实现途径[J].中国高校科技,2014(8):40-42.

[5]周晶,岳金凤.十八大以来中国特色现代职业教育深化产教融合校企合作报告[J].职业技术教育,2017(24):45-52.

[6]王强,赵岚.职业教育产教融合共同体中利益相关者话语权的逻辑、困境与进路[J].黑龙江高教研究,2023(1):138-143.

[7]周妮娜,盛华,郭浩儒.产教融合共同体的构建与实践[J].当代职业教育,2022(4):33-40.

[8]李振华,谢颖.本科职业教育产教融合共同体模式构建研究[J].中国高校科技,2022(Z1):115-119.

[9]李强.基于共生理论视角的产教融合共同体构建[J].继续教育研究,2021(11):96-100.

[10]贺书霞,冀涛.基于共享发展理念的职业教育产教融合共同体建构[J].职业技术教育,2021(4):35-41.

[11]詹华山.新时期职业教育产教融合共同体的构建[J].教育与职业,2020(5):5-12.

[12]姜大源.职业教育学研究新论[M].北京:教育科学出版社,2007.

[13]吴全全.关于职教教师专业化问题的思考[J].中国职业技术教育,

2007(11):30-32.

[14]贺文瑾.职教教师教育的反思与建构[D].上海:华东师范大学,2007.

[15]林娟,马丽.美国新职业教师入职项目研究综述[J].绍兴文理学院学报,2010(11):41-44.

[16]陈宝华.职业本科教育的政策变迁与发展策略[J].高教探索,2022(5):24-29.

[17]刘立新,刘红,殷文.工业4.0背景下德国职业教育发展战略[M].北京:教育科学出版社,2019.

[18]王缉慈.创新的空间:产业集群与区域发展[M].修订版.北京:科学出版社,2019.

[19]周晓刚.跨企业培训中心建设与管理实务[M].苏州:苏州大学出版社,2020.

[20]曹晔.天津海外"鲁班工坊"建设调研报告[J].职教论坛,2019(6):147-152.

[21]党建民,王晓珍,张可伦."1+X证书"制度国际化的价值逻辑与路径探究[J].江苏高教,2023(2):49-54.

[22]柯婧秋,王亚南.高等职业教育国际化:现状、问题及对策——基于全国231所高职院校的调查[J].职业技术教育,2017(36):44-47.

[23]王硕."一带一路"背景下的国家开放大学海外办学探索:以国家开放大学赞比亚学习中心建设实践为例[J].高等继续教育学报,2018(6):71-76.

[24]杨延,王岚.中国职教"走出去"项目"鲁班工坊"国际化品牌建设研究[J].,中国职业技术教育,2021(12):124-127,136.

[25]张海燕,郑亚莉."一带一路"倡议与高职国际化应用人才培养模式创新:以"专业+语言+国别"模式为例[J].中国高教研究,2019(12):72-75.

[26]《中国职业技术教育》编辑部.深化现代职业教育体系建设改革 不

断优化职业教育类型定位:专访教育部职业教育与成人教育司司长陈子季[J].中国职业技术教育,2023(1):8-13.

[27]孙其军,陈延良,毛宏芳.深化现代职业教育体系建设改革 全面服务支撑中国式现代化:笔谈之一[J].中国职业技术教育,2023(2):10-19.

[28]李明,夏智伦,朱孔军,等.深化现代职业教育体系建设改革 全面服务支撑中国式现代化:笔谈之二[J].中国职业技术教育,2023(3):5-12.

[29]中华人民共和国教育部.介绍中共中央办公厅、国务院办公厅印发的《关于深化现代职业教育体系建设改革的意见》有关情况:图文直播[EB/OL].(2022-12-27)[2023-02-08].http://www.moe.gov.cn/fbh/live/2022/55031/twwd/202212/t20221227_1036552.html.

[30]KNIGHT J. A model for the regionalization of higher education: the role and contribution of tuning[J]. Tuning journal for higher education,2013(1):105-125.

[31]PAIGE R M. Internationalization of higher education: performance assessment and indicators[J]. Nagoya journal of higher education,2005(8):99-122.